子どもと楽しむ
日本びっくり雑学500

日本逗知識俱樂部

西東社編輯部／編
蘇暐婷／譯

500個
連日本人都驚奇!?的
生活・飲食・傳統・文化・
地方趣聞話題

※版面編排同原書考量，目錄中的部分標題字數及說明方式，可能較內文之標題精簡。

第1章 連世界都驚訝！日本人的生活 15～55

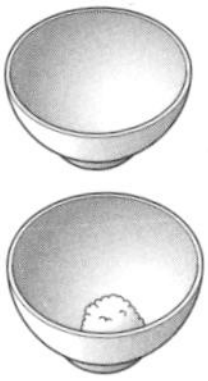

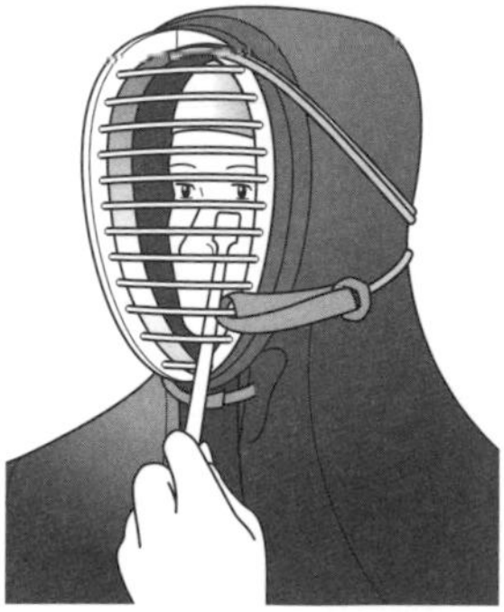

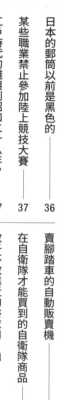

第2章 最應景的季節話題

59～83

第4章 誤會連連的日本飲食文化 125～163

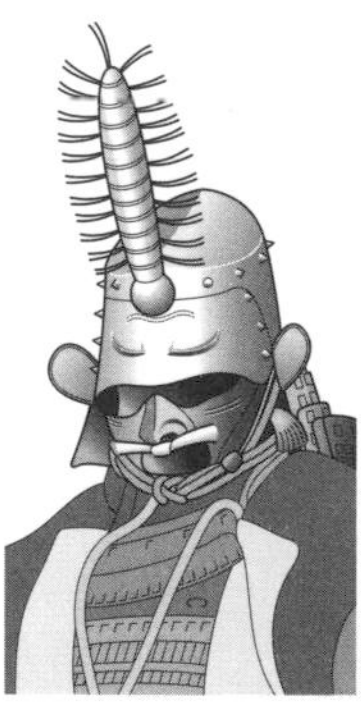

第7章 可愛迷人的地方趣聞

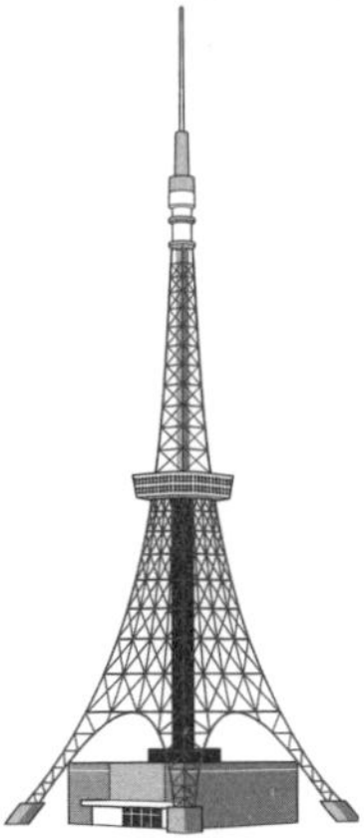

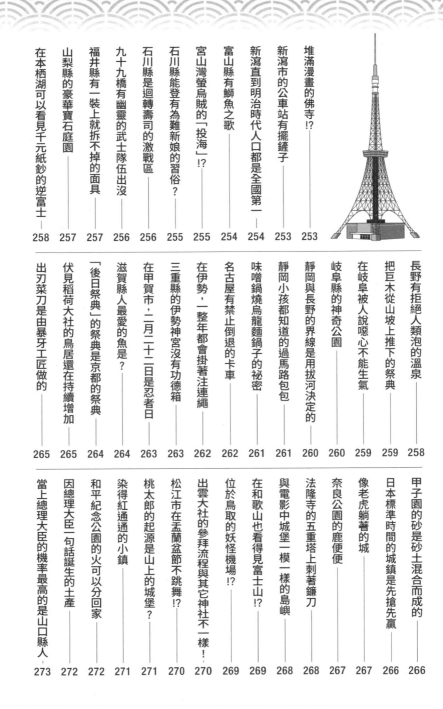

● 驚奇雜學測驗

＊本書資料為2017年10月31日之前的統計。
＊部分由來也有其它說法。
＊人名皆省略敬稱。

第1章

連世界都驚訝！日本人的生活

001

日本的寵物比小孩還多

你知道日本現在一共養了多少小貓小狗嗎？根據一般社團法人寵物食品協會的調查，在二〇一六年時，日本當作寵物來飼養的狗狗約有九百八十七萬八千隻，貓咪約有九百八十四萬七千隻，合計約一千九百七十二萬五千隻。

另一方面，根據總務省統計局公開的人口估算資料，二〇一七年日本零至十四歲的人口約有一千五百七十一萬人。現在的日本比起未滿十五歲的孩童，當作寵物來飼養的小貓小狗還比較多呢。

002

日本有超過六萬名百歲人瑞

在距今約五十年前的一九六三年，日本超過百歲的人瑞只有一百五十三人，自從一九八一年超過一千人以後，數目逐年增加，到了一九九八年已經超過一萬人，至二〇一二年更突破五萬人。

根據戶籍謄本顯示，二〇一七年，百歲以上的人瑞比前一年增加了兩千一百三十二人，來到了六萬七千八百二十四人。最高齡的男性是一百一十二歲，女性則是一百一十七歲。其中約百分之八十八，也就是五萬九千六百二十七人是女性。

003 超過四十歲就是初老了!?

聽到初老這個名詞，你會聯想到幾歲的人呢？根據ＮＨＫ傳播文化研究所的調查，約有四成民眾認為初老是「用在六十歲左右的人的形容詞」。

但其實它就跟古代的「*花甲」、「*古稀」一樣，是慶祝長壽的傳統稱謂之一，指的是已屆四十歲的人。

如今社會高齡化，四十歲被當作初老已經成了上個世代的現象，但在現代，四十歲的確也是罹患老花眼、讓人開始意識到老化的年紀呢。

004 日本人是全球最愛用面紙的民族!?

面紙是日本人生活中不可或缺的日用品之一。說沒有一天不用也不誇張。

根據經濟產業省的數據顯示，日本面紙的出貨量約四十五萬噸（二〇一六年）。代表每人一個月會用掉兩盒左右的面紙。與全球消費量相比，日本可謂鶴立雞群。

順帶一提，全日本購買面紙量最多的是秋田縣與福島縣。

＊花甲指60歲，古稀指70歲。古時候很少有人能活到這個歲數，因此到了那個年紀人們就會慶祝長壽。

005

日本的戰車在轉彎時會開方向燈

把戰車行進的方向昭告天下，不就是在叫敵軍狙擊自己嗎？肯定有人這麼納悶。其實，根據道路交通法，戰車是不必裝方向燈的。但自衛隊希望盡可能遵從法律及規則，因此據說所有的戰車都有裝方向燈。

除了一般道路，自衛隊在基地內也會開方向燈。再來就是在公路上行駛時，履帶型戰車為了不壓傷馬路，也會套上橡膠圈。

006

不會被紅燈擋下的公車

你有沒有注意到，最近因為紅燈而停下的公車變少了呢？

其實現在許多都道府縣，都有實施一種叫作「大眾交通優先系統」（PTPS）的措施，讓公車等大眾運輸車輛優先行駛。

路上裝設的感應器（Beacon），與公車上搭載的專用裝置會彼此連線，讓行進方向的號誌燈綠燈延長，或者反過來令紅燈縮短。不過，這必須依照交通狀況來調整，所以不會一直都是綠燈。

更多逗知識　當公車在十字路口轉彎時，箭頭綠燈所顯示的時間也會延長唷。

007

計程車自動門是因為東京奧運才普及!?

計程車自動門誕生於一九五〇年代後半，但當時國內幾乎沒有人知道。

直到一九六四年舉辦了東京奧運，計程車自動門才一夕之間家喻戶曉。當時東京的許多計程車行都為了這件舉國盛事，引進了有自動門的新款車輛。

如今大家習以為常的日本計程車自動門，在國外其實還是很罕見。這項日本獨特的文化，可是深受外國觀光客好評呢。

008

飛機上發糖果，是為了消除耳痛

你看過機場登機門旁放著裝糖果的籃子嗎？有些航空公司也會由空服員發送。給小孩還合情合理，為什麼連大人都有份呢……？

其實那可不是單純的點心，而是預防或緩解乘客因突然的氣壓變化而耳痛的服務。在飛機還不普及的年代，許多乘客都會因氣壓變化而耳痛，而且遲遲無法舒緩，於是航空公司便讓乘客吃糖果、吞唾液來讓*耳壓平衡。

＊在高海拔地區或水裡，鼓膜會因為氣壓變化遭到壓迫而導致耳痛。為舒緩疼痛而從內部反覆推動鼓膜，就叫耳壓平衡。

009 公車的電子站牌竟然會顯示「ＳＯＳ」？

在公車的路線牌上看過「ＳＯＳ」字樣的人，應該……沒有吧。因為那是公車在遇到緊急狀況時，向車外人發出警告的訊號。

這個訊號是因應二〇〇〇年發生的公車挾持事件，由日本巴士協會制定的對策之一，之後各公車公司都導入了這項安全對策系統。除了「ＳＯＳ」，有些也會顯示「發生緊急狀況！請聯絡警察」的訊息唷。

010 飛機會故意砰地一聲著陸

你知道飛機著陸有時會故意發出巨大的聲響嗎？搭飛機時砰地一聲受到劇烈撞擊，或許會讓乘客感到很害怕。

但這其實是一種技巧，讓飛機在滑溜溜的跑道或距離很短的跑道上也能停下而不超過停機線。尤其雨天跑道溼滑，著地時很有可能*溼路打滑。為了確實碰觸到跑道地面，砰地一聲著陸是有必要的。比起舒適，安全更重要。

＊汽車等交通工具在行經積水路段時，因輪胎與地面間滲水而煞車失靈的現象。

011 只有一名乘客在使用的車站

北海道紋別郡的舊白瀧車站，是一座自一九四七年開設以來，歷經六十九年從未設過站務員的JR石北本縣小車站。它在二〇一六年三月遭到廢除，至今已不存在。

其實這座車站早在實際廢除的三年前就已經決定關閉。原本站方認為沒有乘客定期使用這座車站，但後來發現有一名女高中生每天都會搭乘，於是廢除便延期了。只為了僅僅一名乘客，這間車站便繼續留存了三年。直到二〇一六年，隨著女高中生畢業，舊白瀧車站才終於卸下了長年的任務。

012 澀谷的街道中心曾架設過纜車

澀谷是東京代表性的鬧區之一。在澀谷的街道中心，過去曾經架設過纜車。這裡明明看不到山，為什麼還要蓋纜車呢？

該纜車營運於一九五一年至一九五三年，在東急百貨東橫店與玉電大樓（現在的東橫店西館）的屋頂之間往返，總長九十六公尺。

所以這並不是規劃成交通機構，而是百貨公司頂樓的遊樂設施。名字叫「雲雀號」，能坐十二位小朋友呢。

013

百貨公司播放的音樂藏有暗號

百貨公司播放的音樂其實隱藏了各式各樣的暗號。例如下雨時，因為在店裡無法得知戶外的天氣，所以許多百貨都會播放《雨點不斷落在我頭上》（Raindrops Keep Fallin' on My Head），或是《萬花嬉春》（Singin' in the Rain）。聽到這些曲子的店員，就會在購物袋外罩一層擋雨的塑膠套。

另外，在雨停、發生事故、達成業績目標，以及沒有達成時，百貨公司也會播放不同的音樂唷。

014

國會議事堂的四樓沒有廁所！

東京永田町的國會議事堂四樓，設有讓國會議員及國會職員等國會相關人士自由使用的國立國會圖書館國會分館。然而，這裡明明有許多人出入，卻連一間廁所也沒有。

原因在於往下一樓的三樓就是議事堂，裡頭設有讓天皇休息的御休所以及天皇專用的洗手間。在天皇的洗手間上方建造廁所有違禮數，所以才會形成這樣的建築結構。

更多逗知識

在百貨公司，工作人員還會使用許多只有店員之間才聽得懂的暗號，像是「川中先生／小姐（かわなか）等於順手牽羊的客人（買わなかった客）」、「遠方等於廁所」等等。

015 花六十二日圓就能從南極的昭和基地寄明信片回日本

從日本沒有辦法寄明信片到南極的觀測基地「昭和基地」，但從基地卻可以寄郵件回日本。而且只要花與日本國內相同的郵資就能寄件，明信片是六十二日圓、信件是八十二日圓。

但每年郵件、包裏只會寄送一次。這些包裹會乘著南極觀測船「SHIRASE」號回國，所以不論是聖誕卡片或賀年卡，都會到四月才抵達。

順帶一提，日本郵政每年都會提供讓民眾蒐藏南極觀測船「SHIRASE」號與「昭和基地」郵戳的服務。

016 南極有銀座郵局的分處

為什麼從南極的昭和基地寄明信片，費用與在國內相同呢？因為昭和基地設有東京銀座郵局的分處。

每到夏天和冬天，日本郵局就會各任命一名觀測隊員承接郵務。那裡設有全球最南端的日本小型郵筒。

昭和基地內的郵局，成立於曾經一度終止的南極觀測活動再度啟動的一九六五年。現在，每年這裡的郵局大約會寄出一千封郵件。

017 只有日本才會免費發放教科書

在日本，小孩一進入公立國中小學就讀，就會從學校收到免費發放的課本。許多日本人都覺得這是很正常的，但從全球來看，其實很稀奇。

例如在美國及澳洲，學童在租下課本一年後，就得在升上新的年級時將課本還給學校，而且也不能帶回家。

在日本，每一位孩童的教科書費用，讀國小時一年平均是三千四百一十日元，讀國中時一年平均是四千九百四十四日元（二〇一七年度）。這些都是由稅金來支付的。

018 全世界只有日本才有那麼多電線桿!?

在日本，現在共有三千五百五十萬根以上的電線桿。事實上，與實施無電線桿化的各國相比，日本在這方面是大幅落後的。

將日本的無電線桿率與全球主要都市相比，會發現倫敦、巴黎、香港為百分之百，新加坡及台北等也超過百分之九十，唯獨日本東京二十三區停留在百分之七。儘管日本無電線桿化的路段正在增加，但其它馬路還是陸續蓋了很多電線桿。每年約會增加七萬根。

019 日本是公廁的先進國家？

日本公廁的原型誕生於戰國時代。當時位在日本的外國人傳教士見到京都市區，曾經驚訝地表示：「想不到屋前竟然有廁所，而且人人都能使用。」

到了江戶時代，京都的路上到處都設有小便桶，稱為「辻便所」。歐洲在當時還沒有公廁，有些地方甚至會將穢物直接扔出窗外。

日本人自古以來便習慣將糞便、尿液當作農作物的肥料二次利用。公廁其實就是古時候蒐集屎尿的地方（➡P34）。

020 蹲式廁所專用的洗淨機

提起免治馬桶，大家應該都會想到坐式馬桶。

其實以前，衛浴設備製造商TOTO曾經出過蹲式廁所（和式馬桶）專用的洗淨機。名稱是「和式馬桶溫水洗淨機WASHLET W」。最後的「W」代表「WASHIKI」（和式）。

隨著現在蹲式馬桶的減少，這項產品已經停產了。但TOTO又另外出了能讓蹲式馬桶瞬間變成免治坐式馬桶的產品「SWALLET」，而且還悄悄賣得很好呢。

021 有▼標誌的窗戶容易破？

你曾在窗戶上看過紅色倒三角型的標誌嗎？那稱為「消防隊進入口」，是讓消防隊員在火災發生時，知道「可以從這裡衝進火場」的標誌。所以，這種窗戶會使用原本就易破的材質，或設計成能從外側打開、窗上裝有把手。

順帶一提，有倒三角型標誌的窗戶，根據規定必須設在在三十一公尺（約八層樓建築）以下。因為雲梯車最高只能達到這個高度。

022 真的有完全不會感冒的公務員嗎？

這指的是南極越冬隊的成員。他們大多是政府機關的研究員或職員。即使從民間加入，也會暫時成為國立極地研究所的成員，所以是公務員。

那麼，為什麼他們不會感冒呢？並不是因為南極過度寒冷，病毒都死光了，而是因為讓病毒繁殖、寄生的人類數目太少了，在昭和基地病毒很難生存下去，所以那裡的人不會感冒。

但正確來說是幾乎不會感冒，並不是絕對不會唷。

023 緊急出口標誌為什麼有兩種？

你知道緊急出口的綠色標誌有兩種嗎？一種是綠底的，代表緊急出口就在這裡。

另一種是白底的，代表這是通往緊急出口的路徑，又稱為「避難方向指示燈」。底設計成白色是為了在停電時充當緊急照明。順帶一提，之所以使用綠色，是因為綠色在紅色的火焰中會顯得更醒目。

緊急出口標誌

024 只有百分之百純果汁，才能出現水果切開的圖案

果汁的包裝會根據果汁含量而採用不同的圖案或照片。根據公平競爭法，只有百分之百純果汁，才能使用切開的水果、果肉，以及果汁的圖案或照片。果汁含量為百分之五到不滿一百，是不能使用的。而果汁含量不滿百分之五的，則不能使用寫實的水果圖案。

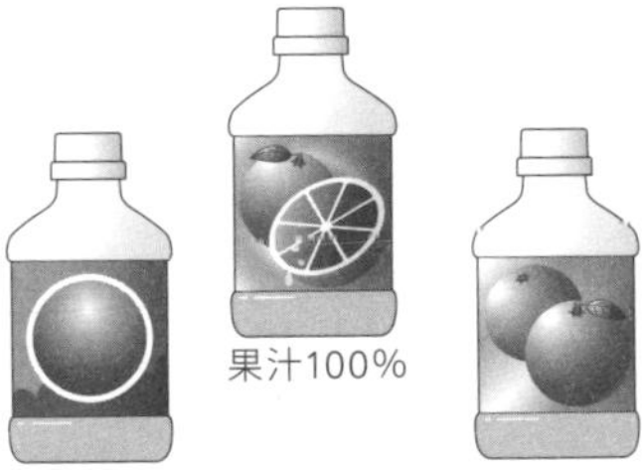

更多逗知識　發明緊急出口標誌的，是日本的設計師太田幸夫。這個標誌於1987年經ISO（國際標準化組織）採用，通行於世界各地。

025 電話號碼開頭的「0」並不是市外局碼

日本市內電話的號碼，開頭的數字一定是「0」，例如東京是「03」、大阪是「06」。許多人都以為0是市外局碼，其實那並不是市外局碼的一部分，而是國內國際冠碼，是代表正在國內通話的「暗號」。真正的市外局碼是接下來的一到四位數。由總務省來分配。

順帶一提，市外局碼最開頭的數字，基本上是由北至南越來越大的，例如札幌從「1」開始，東京是「3」、大阪是「6」、鹿兒島是「9」。

026 苦苦的藥粉不淘汰是有原因的

很多藥都會做成膠囊或糖衣錠以方便服用，可是苦苦的藥粉也很常見。為什麼藥粉不會被淘汰呢？

這是因為比起膠囊及錠劑，藥粉能更快被人體吸收、迅速生效。而且份量容易調整，更能調配出適合患者的藥物。

此外，有些胃藥為了促進唾液分泌，也會刻意做得苦苦的。而大人的藥粉不甜，則是為了不讓小孩誤食。

027 用綠茶漱口能預防蛀牙!?

你聽過用綠茶漱口可以預防感冒嗎?這是因為綠茶中的成分兒茶素,具有抗菌與殺菌的作用。

這種兒茶素能有效抑制口腔內的致齲菌。因此用綠茶漱口,就能預防蛀牙及口臭。

順帶一提,不論是綠茶、以一般製茶方式做成的煎茶、用硬硬的葉子或老葉製作的番茶,都含有豐富的兒茶素。

028 用人類糞便做的藥

用人類糞便做成的藥物,是一種叫作「人中黃」的漢方藥。這是用甘草這種草藥的粉末,拌入人類的糞便中提煉而成的,具有退燒、清除體內毒素等功用。

提到漢方藥,大家可能會以為那是中國的藥物,其實正確來說,漢方藥是以中國傳入的醫學為基礎,配合日本人的體質、在日研發的藥物。換言之,人中黃也是在日本製作的,而且歷史悠久,自古以來便為人所用。

至於為什麼有效,就是一團謎了。

更多逗知識 還有一種用人類尿液沉澱物製作的藥品,稱為「人中白」。據說可以解毒、止血。

029

庭院裡的小碎石是為了防盜!?

日本民房的院子自古以來就會鋪小碎石。不少家庭是為了營造氣氛而撒，除此之外，碎石也能預防雜草叢生。

但小碎石的效果可不只如此，其實它還肩負著防盜的重責大任。踩過碎石時會發出沙沙沙的聲響，因此闖空門的賊非常討厭它。最近市面上還出現了比一般小石頭聲響更大的防盜專用碎石呢。

030

瓦斯的氣味是人工添加的!?

開瓦斯時會傳出難聞的氣味。其實那是天然氣公司為了提醒人們瓦斯漏氣刻意添加的。

瓦斯原本是無臭的，但萬一洩漏可就危險了，因此根據「天然氣事業法」這條法規，瓦斯裡一定要加入味道，讓人一聞就知道是瓦斯。像爛洋蔥味道的成分是「叔丁硫醇」；像大蒜的氣味則是「二甲硫醚」。

法律並無規定氣味的成分，因此味道會依天然氣公司而不同。

031 在日本可以養長頸鹿當寵物

長頸鹿是在陸地上生活的動物中個子最高的。而在日本，民眾竟然可以養長頸鹿當寵物。

動物能否於做為寵物在自家飼養，端看華盛頓公約等動物交易及飼育條約承認與否而定。

換句話說，長頸鹿是法律上一般人可飼養的最大動物。但在任何一區都必須事前向政府機關提出申請，不能擅自飼養。

032 全世界最長壽的卡通是【海螺小姐】

【海螺小姐】是每個日本人耳熟能詳的國民電視卡通。播出時間是禮拜天傍晚，超越世代深受日本人喜愛。

【海螺小姐】的卡通從一九六九年十月五日於電視台開始播放，即將迎向五十週年，但在播放四十五週年的二〇一三年，【海螺小姐】就已經創下了「史上最長壽電視卡通節目」的金氏紀錄。當然，現在仍在更新世界紀錄。

更多逗知識　這點可能很少人知道，【海螺小姐】中登場的人物全都是高學歷。像海苔助（ノリスケさん）就是東京大學法律系畢業，是個白領菁英。

033 【徹子的房間】不論播放次數或插花作品都是金氏世界紀錄級

說起朝日電視台的長壽節目，非【徹子的房間】莫屬了。這個節目始於一九七六年，至二〇一五年已經播出超過一萬集，創下同一主持人節目最多播放次數的金氏世界紀錄。

這個節目還隱藏了另一件驚人的事實。自節目開播以來，每次攝影棚都會擺放「符合來賓氣質的插花作品」。換言之，至今【徹子的房間】已經出現過超過一萬種插花作品。而且插花老師連續四十一年來，都是同一人。

034 在國外爆紅的NHK「多摩君」

多摩君是一九九八年，為慶祝NHK-BS十週年而誕生的紀念吉祥物。聽說當時還有小孩被它嚇哭，但在二〇〇四年，多摩君一雪前恥，升格成了整個NHK的吉祥物。現在它的週邊商品已經超過七十種，成了人氣角色。

其實，多摩君的人氣在美國比日本還火熱，風靡了全世界。最近連扮成超人和蝙蝠俠的多摩君都登場了。這類聯名企畫往後也會陸續推出唷。

更多逗知識　多摩君的電視卡通系列自2008年起，已經在全球171個國家播放。

035 「特別演出」與「友情客串」是截然不同的

在連續劇或電影的片尾工作人員名單中，常常可以見到「特別演出」及「友情客串」。這兩種雖然相似，實際上卻是截然不同的。

最大的差別在於片酬。特別演出是讓平日演主角的大牌演員擔任配角時的頭銜，片酬極高。

另一方面，友情客串則是拜託與工作人員或登台表演者親近的演員參與演出時的詞彙，大多不收演出費，即便有也是比平常片酬便宜的「友情價」。

036 童謠《小蝴蝶》的第二個版本是麻雀

《小蝴蝶》（ちょうちょう）是日本人朗朗上口的兒歌。原曲為歐美童謠，由日本古典學家野村秋足作詞。

其實這首歌有兩個版本。在第一個版本問世的七年後，第二個版本由撰寫《螢之光》（蛍の光）的稻垣千穎作詞。但第二版的主角是麻雀，唱的並不是蝴蝶。

十五年後又多了第三、第四個版本，第三版唱的是蜻蜓，第四版唱的是燕子。但在一九四七年《小蝴蝶》刊登於音樂教科書上時，因為第二版以後出現的是其他昆蟲及鳥類，與題目不符、容易混淆，於是就被廢除了。

037

糞便的價值也會因身份而不同

在江戶時代，人們的糞便與尿液是灌溉農作物的肥料，因此價值不菲。當時的商人會依據從哪裡的廁所蒐集而來的分等級，價格也大不相同。

飲食生活豐富的人的屎尿是優質肥料。最高級的是從大名宅邸產出的糞便與尿液，再次一等是青樓妓女聚集的吉原、辻便所（➡P25），最後是一般平民百姓的長屋。價格依這個順序由高至低。

而售價最便宜的，則是從牢房及看守所蒐集來的屎尿。

038

江戶城很臭是真的嗎？

在江戶時代，京都與東京的廁所是大不相同的。

京都許多地方都設有公廁（➡P25）。相對的，江戶則留下不少「尿經常倒在路邊」、「大白天就有人在馬路正中央大小便，且沒人阻止」等紀錄。也就是說，人們會在馬路上隨意大小便，味道之刺鼻也就可想而知了。

江戶設立公廁，是在江戶時代後期的事情了。

更多逗知識　屎尿通常是藉由船隻運往農舍，而回程一般也是由同一艘船運送蔬菜。

039 日本最早的出租業，最受歡迎的品項是「兜襠布」

日本最早的出租業從何時開始，其實並無定論。但留有最古老出租業紀錄的，是江戶時代名叫「損料屋」的商店。

損料屋就是從衣服到寢具，幾乎所有生活用品都出租的商店。其中古人最需要的，竟然是兜襠布，令人驚訝。

當時的兜襠布一般是賣兩百五十文錢。換算成現代的價格大約是五千日圓，相當昂貴。因此，足輕（註：日本中世以來的雜役、步兵。）這類身份低下的武士都會用租的。

040 古時候的假牙是木製的

假牙一般都是塑膠製或陶瓷製的。但在古時候，假牙竟然是木製的。

木製的假牙稱為「木床義齒」，相傳原本是室町時代雕刻佛像或能樂面具的工匠製作出來的。儘管這種義齒與現在的假牙因為材料不同而多少有差異，但在結構上幾乎完全相同。

在和歌山市的願成寺，現在仍留有一五三八年過世的尼姑用過的木床義齒，相傳這就是日本最古老的假牙。

更多逗知識 江戶時代的發明家平賀源內，也用過木製假牙。在江戶時代，木製假牙的售價大約是現在的40至50萬日圓。

041 古時候的郵差會帶手槍

在明治時代開始實施新的郵政制度時，郵局的每一位郵差都會配戴手槍。這是因為郵差必須保護郵件及現金袋裡的錢以免遭到搶劫。其實在這之前，的確有過好幾樁郵差被強盜殺死的紀錄。

在一八七三年制定的「郵件保護槍規章」中，記載了這麼一段內容：「郵差應攜帶郵件保護槍，於郵件遭遇危險時正當防衛」，此法實施至一九四八年。

順帶一提，警察能持槍是在一九二三年定案的，比郵差晚了五十年。

042 日本的郵筒以前是黑色的

日本最早的郵筒誕生於郵政制度開始的一八七一年。隔年，郵政制度於全國實施，郵局數量急遽增加，郵筒數目也就跟著變多了。

當時，沿著全國主要街道設置的，是由杉板組裝、角落貼上鐵板、以黑色油漆塗成的黑色郵筒。

黑色郵筒在那之後使用了約三十年，至一九〇八年才仿效英國，正式改成入夜後依然醒目的紅色郵筒。

更多逗知識　郵筒剛設置時，曾經有人把「郵便箱」的文字看成「垂便箱」，誤以為那是公共廁所呢。

043 某些職業禁止參加陸上競技大賽

根據一九二〇年大日本體育協會制定的陸上競技大賽（現在的日本陸上競技錦標賽）競賽者資格，除了職業運動選手以外，從事類似職業的人等同於半職業運動員，禁止參加大會。

當時被視為半職業運員的有郵差、牛奶配送員、報紙配送員、魚販等等。從事這些職業的人相當於準職業運動員，也就是半職業的跑者，因此禁止參加比賽。

後來這個規定因遭受各職業運動員的抗議，於一九二四年廢除了。

044 江戶時代的錢直到昭和二十八年都還在用？

江戶時代有一種廣為流通的貨幣，叫作「寬永通寶」。明治時代時，貨幣的單位更改為元、錢、釐，寬永通寶的任務照理說也該跟著結束才對。

但由於當時製造銅板與黃銅錢的設備尚未完善，人們便將寬永通寶直接當作一釐（一元的千分之一）價值的貨幣來使用。

之後到了一九五三（昭和二十八）年，不滿一元的貨幣遭到禁止，寬永通寶才終於卸下了長年以來的任務。

045 以前的人穿拖鞋是不脫鞋子的？

你知道拖鞋發祥自日本嗎？

拖鞋的語源是英文的「slipper」，也就是「用滑的方式穿上的鞋子」。英國的拖鞋是在學校當室內鞋來穿的，與日本的拖鞋不同。

日本的拖鞋是在明治時代初期，為了越來越多造訪日本的西方人所發明的。西方人沒有進入屋內脫鞋的習慣，於是日本人便準備了能連著鞋子穿上的鞋套。這就是現代拖鞋的原型。

046 座墊不是正方形，而是長方形？

座墊是在和室跪坐時使用的，許多人都以為座墊的形狀是正方形，其實絕大多數都是長方形。

這是因為跪坐時，膝蓋以下小腿的長度會比膝蓋併攏時的寬度稍長一些。

座墊的種類大小，分為八端判（五十九乘以六十三公分）、銘仙判（五十五乘以五十九公分）、木綿判（五十一乘以五十五公分）等等。從這些尺寸就能知道，每一種規格都是長比寬多了四公分。

047 座墊折成兩半拿出才是正確禮儀

座墊原本應該是等客人進到房間後，才拿出來的。搬座墊時，正面要朝內，將折口對著自己，對折成兩半。

刻意在客人面前攤開，帶有「開運」、「展開賓主之間的緣份」等涵義。另外，將對折的座墊攤開在眼前，也含有無任何機關、請客人安心的意思。

048 廁所裡有守護小孩的神明!?

自古以來，日本人便相信全國各地都有廁所神。

祂們的別名很多，有便所神、廁神、雪隱樣等等，人們認為廁所神與懷孕、生產的淵源特別深厚，因此現在也還留有孕婦將廁所打掃乾淨，就能生下漂亮健康小孩的傳說。

順帶一提，在東日本，人們會將產後七天的小嬰兒帶去參拜廁所，稱為「雪隱參拜」。據說做完雪隱參拜後，孩子就會長得英俊貌美呢。

049 禁止握筷，是因為會讓人不安!?

持筷的禮儀確立於江戶時代。握筷是沒禮貌、遭人忌諱的持筷方式之一。不只是因為不好看，也因為握筷時將拇指抵在筷尾上，感覺就像在拿武器，會讓一同用餐的人感到坐立難安，因此特別遭到禁止。

握筷

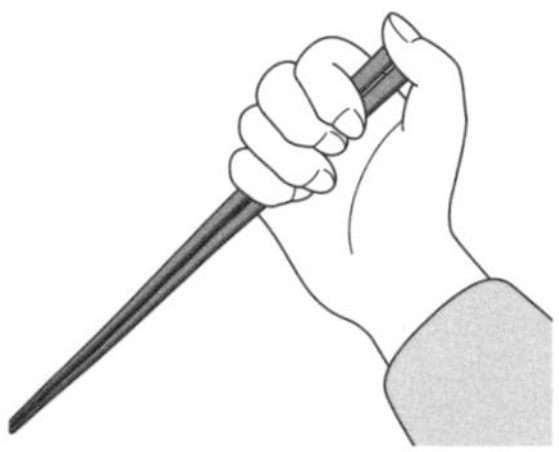

050 用餐時「再來一碗」也有正式禮儀！

「剩一口吃不下」而留下一點點飯，有時反而會變成「再來一碗」的暗號。

吃和食時若想再來一碗，正確的作法是在碗中留下一口飯。如果扒個精光，盛飯的人就會覺得「這人明明想續碗，真是沒禮貌」。

要結束用餐才吃完是禮貌唷。

051

打噴嚏後罵髒話是為了驅趕穢氣

打完噴嚏後，有些人會「混蛋」、「可惡」地暴粗口。大部分的人都以為那是要遮掩出醜或者只是單純的口頭禪，但在古代其實並不這麼解釋。

鎌倉、室町時代的人，認為打噴嚏時氣會從體內突然竄出，導致靈魂一同出竅。接著身體就會產生空隙，讓外界的各種穢氣入侵。因此大聲罵髒話，其實是為了趕跑髒東西。

052

日本人喜歡敬禮跟天氣有關？

打招呼時，一般而言日本人都是敬禮，歐美人則是握手。為什麼明明都是打招呼，卻有那麼大的差別呢？有這麼一個說法，認為那與日本的氣候有關。

日本是高溫潮濕的國家。夏天常常汗流浹背。與剛見面的人握手、擁抱實在太困難了，於是不必碰觸身體的敬禮就成了主流。

順帶一提，不論握手或敬禮，都是代表自己對對方沒有敵意的意思。

053

生雞蛋的殼上有神秘暗號!?

最近市面上有不少生雞蛋，蛋殼上都會直接印有效期限。有時除了有效期限，還有神秘的數字與文字。其實那是雞蛋採收的日期與農場資訊的暗號。這些蛋殼上印的資訊因生產公司而異，有些上官方網站輸入號碼，還能觀看詳細訊息呢。

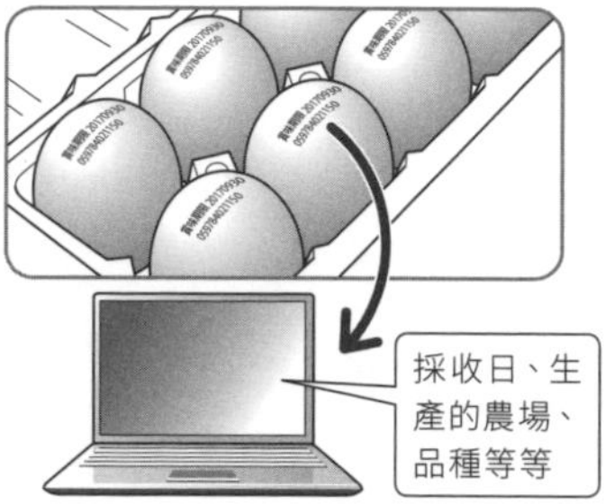

054

飲料自動販賣機的投幣孔都是橫的

自動販賣機的投幣孔有直的也有橫的，但飲料自動販賣機的投幣孔全部都是橫的。

因為做成橫的，自動販賣機的機身就能設計得比較薄，適合常擺在路旁或狹窄地方的飲料自動販賣機。

順帶一提，橫向投幣的自動販賣機機身厚度，可以壓低到直向投幣型的十分之一呢。

更多逗知識　橫向型硬幣掉落的速度比較慢，因此車站的車票販售機使用的是找零速度快的直向型。

055 賣腳踏車的自動販賣機

日本人熟悉的自動販賣機，對外國人而言是很不可思議的，畢竟那等於把商品和錢大剌剌地放在戶外。不過，其實有種自動販賣機連日本人都驚訝，那就是賣腳踏車的自動販賣機。

這種自動販賣機位於富山縣運輸教育中心的正對面。小小的屋子裡，擺了數台售價八千日圓到兩萬日圓的腳踏車。聽說這是為了來運輸教育中心等不及回程公車的人而設的，但究竟有沒有人需要就是一團謎了。

056 只在自衛隊才能買到的自衛隊商品供不應求!?

在埼玉縣朝霞駐紮區的陸上自衛隊宣傳中心，有一座叫作「陸軍樂園」的陸上自衛隊博物館。在那裡可以體驗「飛行模擬」及「射擊模擬」，是非常受歡迎的設施。

其中大受遊客好評的就是館內的商店了。裡頭賣了許多自衛隊的獨家商品，像是最有名的原創煎餅「擊」，以及饅頭和咖哩。另外也有用喇叭起床號當作鈴聲的鬧鐘、隊員愛用的防香港腳襪等等，有不少稀有商品呢。

057 蚊子不敢靠近的浴衣和T恤

一到夏天，許多人都會被蚊蟲叮咬，感到煩不勝煩。而現在竟然有穿上就能擺脫這種煩躁感的夢幻浴衣與T恤。

這種衣服運用了羅漢柏。*羅漢柏富含檜木醇，具有抗菌防蟎的功效。將檜木醇加工、固定在纖維裡，就能製成「具有防蟲效果的衣服」。效果可以維持洗五十次。雖然不代表絕對不會被咬，但做為防蟲對策，這種衣服依然受人矚目。

058 只有日本骰子的「一」是紅色的

說到骰子，應該很多人都會想到「一」是紅色的。其實只有日本的骰子「一」才是紅的。國外的骰子「一」與其它數字一樣都是黑色。

為什麼只有日本這樣呢？因為大正時代結束時，位於和歌山的骰子製造公司為了讓民眾一眼就能認出那是他們公司製造的商品，便發售了「一」是紅色的骰子。這項商品大受歡迎，普及至全國。自那以後，日本的骰子「一」是紅色就成為基本款了。

＊羅漢柏是日本特有的樹種，80%以上蓄積（將樹木生長的量以體積來標示）在青森縣。

059 牙籤溝槽其實是木芥子娃娃的設計

牙籤的尾端上有溝槽，有人說「那是讓人從凹槽處折斷，仿效筷架當牙籤架用的」。但這其實是後人想出來的用途。

原本這個溝槽，是為了讓製作牙籤時總會黑黑焦焦的尾端看起來乾淨漂亮才誕生的。形狀是模仿「木芥子娃娃」（註：日本東北地方製作的傳統工藝品），設計依公司不同而有些微差異。

此外，也有人認為那展現了工匠精雕細琢的技藝。

060 招財貓的原型是救了城主與破寺的貓

招財貓的原型眾說紛紜，裡頭最有名的，是東京都世田谷區豪德寺這所佛寺的故事。

江戶時代初期，有一位城主經過一所破落的佛寺前，發現有隻貓像在對他招手。他跟著那隻貓進入寺裡後，外頭突然下起了滂沱大雨，他則免於淋濕。城主非常高興，便捐贈錢給佛寺，幫助佛寺重建。

之後，人們便仿效那隻為破寺帶來好運的貓，創造出了招財貓。

更多逗知識　一般而言，招財貓舉右手是「招財」、舉左手則是「招人、招客」。

061

滴管按壓的部分正式名稱是「乳頭」

正式名稱竟然是乳頭，聽起來像在騙人，實際上是真的。

滴管（spuit）這個詞原本是荷蘭語。按壓的部分在荷蘭稱為「nipple」。十八世紀中葉滴管傳入日本時，不知為何代表整隻滴管的「spuit」成了外來語，指按壓部分的「nipple」則譯成了日文的「乳首」（乳頭）。之後便成為正式名稱。

不過最近，人們也漸漸將滴管的乳頭稱為滴管頭或滴管帽了。

062

把封箱膠帶一口氣撕掉，會發出藍白色的光

把黏著面貼在一起的封箱膠帶用力撕開看看吧。盡可能在昏暗的房間裡測試，在撕開的一瞬間，應該可以見到藍白色的光芒。

為什麼會出現這種現象呢？因為封箱膠帶上的黏膠，會因為撕除的力量與黏著的力量摩擦而產生靜電。撕除時靜電瞬間竄出，便發出藍白色的光亮了。

順帶一提，根據封箱膠帶的種類不同，發光的方式與光的顏色也會有些微差異。

063 以前的隱形眼鏡有十元硬幣大小

日本最早的隱形眼鏡出現於一九五〇年。當時鏡片的尺寸竟然是現在的約三倍，幾乎與十元硬幣大小相同。

這是因為以前的人為了讓隱形眼鏡在眼球上固定，想出了讓隱形眼鏡插入上下眼瞼的方法，於是直徑長達二點五公分的巨大隱形眼鏡便誕生了。

順帶一提，戴這種隱形眼鏡時必須麻醉。而在那之後一年，與現在一樣只覆蓋黑眼珠的鏡片便上市了。

064 卡拉ＯＫ的ＭＶ中不會出現手機？

最近的卡拉ＯＫ很多都會播放歌手本人的ＭＶ，但播卡拉ＯＫ廠商自己錄製的示意影片也很常見。但你知道嗎？這些影片中，幾乎都不會出現手機。

因為示意影片沒什麼意外是不會重錄的，好幾年都會播同一支影片。但因為手機的設計汰換太快，若把手機拍進去，影片看起來就會很過時。所以，廠商在拍片時都會盡可能避開手機。

065 銀色紙塗上橘色，就會變成金色紙

金色紙是很珍貴的，在一般一百張一袋的色紙中，只會有一張是金色。但其實，在銀色紙上塗滿橘色顏料，就能做出金色紙。

有些人可能會以為色紙是只用紙做的，但銀色紙其實是在日本紙上貼鋁箔（金屬）製成的。金色紙則是將塗了橘色顏料的鋁箔貼在日本紙上而成。

一般的色紙會由色紙工廠統一製作，唯有金色與銀色的色紙是在專門的工廠生產。

066 竟然有印東大標誌的衛生紙

東京大學是日本的最高學府。在東大的廁所裡，甚至還有印了東大標誌的衛生紙。

這是用東京大學的學生寫過的測驗券、論文、校內的機密文件透過碎紙機產出的舊紙所製成的再生衛生紙。不過東大標誌只印在包裝上，內容物則是普通的衛生紙。

順帶一提，東大校內部分的廁所，連馬桶上都有東大標誌。

＊東大標誌就是東京大學的校徽。造型是黃色與亮藍色的銀杏相疊，於2004年法人化時新制定。

067 市面上曾出現測驗愛情的機器

機器的名稱是「Love Tester」，為一九六九年任天堂發售的商品。

想測試彼此愛意的兩人，一手握住測量機、另一手握住對方的手。當握手時流汗、體溫上升，指針就會因電阻而搖擺，晃動程度越大，代表兩人的愛越堅定。

這項產品上市時，日本還不像現在一樣對戀愛那麼開放。因此據說這是為了讓互相喜歡的人手牽手才發明的。

068 中華料理的圓桌轉盤其實是日本發明的？

去中華料理店用餐常常可以看見圓桌轉盤，其實這是位於東京的目黑雅敘園這家婚宴會館創始店所發明的（註：另有一說認為，餐桌轉盤是由民國時期著名的公共衛生專家伍連德，為了防治肺結核而發明。），針對每一位客人桌邊服務，會讓費用變得非常昂貴，為了解決這點，業者便想出了這個創意。

之後，圓桌轉盤傳遍了全日本的中華料理店。而在目黑雅敘園撞見圓桌轉盤感動不已的中國人，也將它帶回本國使之普及。如今，在中國本土的餐館也能見到圓桌轉盤了。

069 百貨公司賣的「古典內褲」是什麼!?

雖然聽起來莫名有種高級感，其實沒這回事。古典內褲，就是日本傳統的內褲——兜襠布（褌）。

東京的百貨公司銀座三越，為了替老商品兜襠布營造出更高級的形象，便將它命名成古典內褲販售。如今，這個名字也開始普及至其它百貨公司。

招待客人時，古典內褲也比兜襠褲更容易說出口，所以很受女性店員青睞。

070 廣受和尚歡迎！卒塔婆專用印表機!?

卒塔婆就是立墳墓時，用來書寫法號或生平的木牌。而市面上竟然有專門製作卒塔婆的印表機。

在佛寺，一到盂蘭盆節與彼岸節，僧侶為了撰寫大量卒塔婆會忙得不可開交。發覺這項需求的株式會社ＴＴＮ公司，便研發出了能直接在卒塔婆木牌上列印文字的印表機「御塔婆管家系列」，一上市便悄悄成了熱賣商品。

據說有一間佛寺，還因為這款印表機，在約一週內就完成了往年得花上大半年的準備呢。

071

記錄男孩變聲過程的唱片

變聲指的是男孩從兒童時期進入青春期時，聲帶發生變化使音域改變。想不到竟然有唱片記錄了這個變聲的瞬間。

這張唱片是一九六八年由哥倫比亞唱片公司販售的，是為了指導變聲期孩子們唱歌的老師，以及讓孩子們掌握自身聲音改變而製作的。錄音費時三年，每週錄一次，共一百二十次，將男孩的聲音逐漸沙啞、高音越來越上不去的現象都記錄了下來。

072

劍道必需品!? 戴著面具也能抓癢

劍道選手在場上真是威風凜凜，但戴著面具也有許多不便——像是臉發癢的問題。解決這項煩惱的，是由安信商會這間公司研發的道具「搔臉不求人」。

它的頂端是耙子狀，背面附有擦汗的棉布，尺寸能放入繫在腰前的小袋子「垂袋」裡，是非常受歡迎的商品。

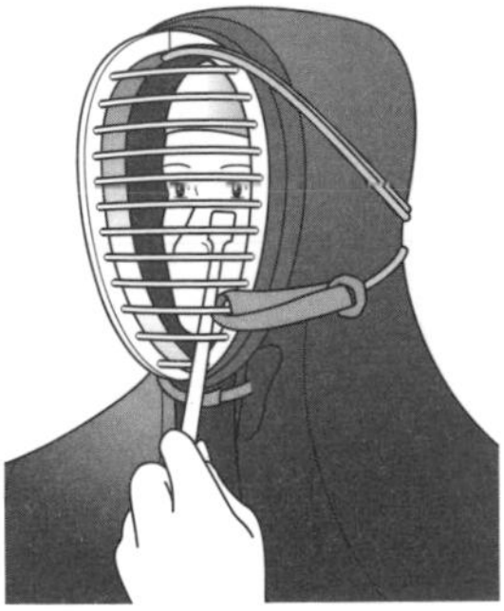

073

體操用的止滑粉是便秘藥？

體操選手為了止滑沾在手上的白色粉末，俗稱「碳鎂」，主要是用碳酸鎂做成的。但碳酸鎂本身並不能止滑，是因為它具有優秀的吸水性，能吸收手汗，所以選手才不易打滑。

除了體操以外，人們也將碳酸鎂用於各式各樣的運動中，不過這在醫院其實是便秘藥。原理相同，在腸內分解的碳酸鎂會吸收水分、使糞便軟化，帶來刺激促進腸道蠕動。

074

在刀傷上抹砂糖能止血!?

你有沒有聽過阿嬤說「在傷口或腫包上抹砂糖水」呢？這是以前流傳的民間療法「砂糖療傷」。其實不只日本，這在非洲的辛巴威也很常見。而在英國，砂糖療法也被證明具有醫療功效。

在傷口上塗抹砂糖，水分會被糖吸收，能抑制細菌繁殖、使傷口盡快痊癒。

現在，英國國內的幾間醫院，也已經陸續將砂糖導入實驗了。

075

辣椒能讓腳不冰冷？

辣椒含有辣椒素這種辛辣成分。人體攝入辣椒素，血液循環便會加速。另外光是接觸，皮膚溫度也會上升、血管會擴張，因此人們也用它來治腳底冰冷。

有人會將去籽的辣椒放入襪子裡，但這個方法會使辣椒素直接碰觸到肌膚導致刺痛。所以最好還是像暖暖包一樣裝入小袋子裡，放入拖鞋等鞋子裡就好。

076

牙膏可以去除墨汁的汙漬

墨汁的汙漬之所以很難去除，是因為墨汁的成分——碳的微小粒子深入了衣物纖維，所以即便送洗也不見得能洗乾淨。這時，牙刷與牙膏就能派上用場了。

用自來水清洗過後，抹上牙膏以牙刷摩擦，牙膏中的研磨劑就會滲入纖維裡，讓墨汁浮出來，衣物便能恢復乾淨。

若還是洗不掉，就再塗一次牙膏，用洗衣機清洗即可。

更多冷知識　最近市面上還出現了從辣椒提煉出辣椒素融入纖維裡的衣服和襪子呢。

077 沾到頭髮上的口香糖能用巧克力去除!?

你知道一起吃口香糖和巧克力，口香糖就會消失嗎？

口香糖的主成分一旦與唾液混合，便不易融解，但遇到油還是會融化。因此，口香糖會與巧克力中含的可可脂（油脂）反應而融解。

順帶一提，不只巧克力，含有油脂的沙拉油或髮蠟也具有相同的效果。若頭髮沾到口香糖，不妨就用髮蠟去除吧。

078 錢可以代替尺

想測量長度，手邊卻沒有尺，這時不妨找找看皮包裡有沒有千元紙鈔。

千元紙鈔的長度正好是十五公分。折半就是七點五公分，折三褶就是五公分。想測量更短的東西時，用一元銅板就更方便了。一元銅板的直徑是兩公分。與千元紙鈔善加搭配，就能測量出各種物體的長度。

順帶一提，官方明信片的寬度正好是十公分，這個尺寸拿來當尺也很方便。

079 吃砂糖就能停止打嗝!?

打嗝是由＊橫隔膜痙攣所引起的呼吸異常。痙攣的瞬間會吸進空氣，所以會發出「嗝」的怪聲。

讓打嗝停下有許多方法，其中之一是吃下一湯匙的砂糖。這是在醫學上也備受肯定的民間療法，成功停止的機率很高。原理是刺激舌頭的神經，使橫隔膜恢復正常，實際上不是砂糖也沒關係，重點是要一口氣吞下。

080 醋加上廚房紙巾，能消除廚餘的異味

用醋可以輕鬆抑制廚餘異味的源頭。

只要將廚房紙巾泡入用水稀釋過的醋裡，放進垃圾袋底部即可。為什麼這麼做就能消除異味呢？因為醋具有抑制細菌繁殖的靜菌作用。

此外，墨水也有除臭的功效，所以將報紙鋪在垃圾桶底部也不錯。將泡咖啡剩餘的咖啡渣曬乾，撒在垃圾筒裡效果也很好。

＊橫隔膜是位於軀幹中央的圓頂狀肌肉。藉由橫隔膜的伸展與收縮，人體便能呼吸。

Quiz 1

驚奇雜學測驗

類似的東西哪裡不同

Q 1

圖中男生拿的工具是哪一個呢？

Ⓐ 鏟子

Ⓑ 鐵鍬

Q 2

這個東西叫作什麼？

Ⓐ 印章

Ⓑ 印鑑

Q 3

哪一種動物是鸛鵡的同類？

Ⓐ 鷹

Ⓑ 鷲

Ⓒ 隼

Ⓓ 鳶

Q 4

箭頭所指的是誰？

Ⓐ 伯父

Ⓑ 叔父

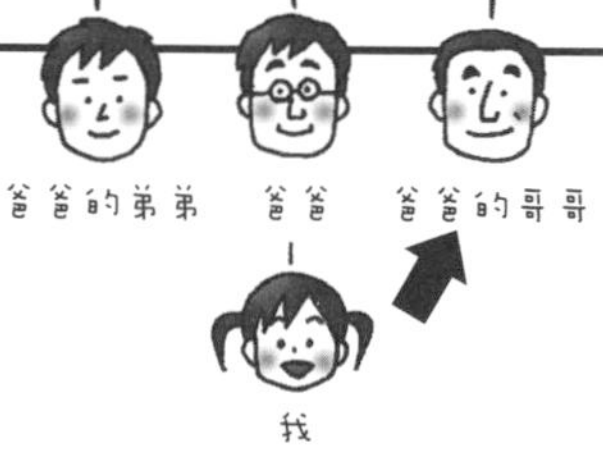

Q5

哪一種在日文稱作「生徒」？

Ⓐ 小學生

Ⓑ 國中生、 高中生

Ⓒ 大學生

Q6

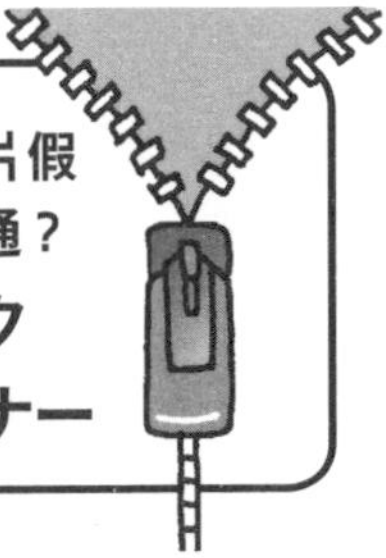

哪個拉鍊的片假名在國外不通？

Ⓐ チャック

Ⓑ ファスナー

Q7

最後會揪出犯人的是哪一種？

Ⓐ 推理

Ⓑ 懸疑

Q8

存在銀行的錢是哪一種？

Ⓐ 儲金

Ⓑ 預金

Q9

男孩放的在日文稱作什麼？

Ⓐ おなら

Ⓑ 屁

答案在➡ P58

答案

Q 1

在東日本稱為鐵鍬、在西日本稱為鏟子

根據日本工業標準（JIS），腳能踩上去的是鐵鍬（シャベル），腳不能踩上去的是鏟子（スコップ）。不過一般都是以大小來區分，在東日本，大型的稱作鏟子、小型的稱為鐵鍬；在西日本則相反，大型的稱為鐵鍬，小型的稱為鏟子。

Q 2

Ⓐ 印章

印章指的是按壓印子的工具。而印鑑則是用印章蓋出來的印子本身。向區公所或銀行等單位提交的是印鑑。

Q 3

Ⓒ 隼

隼雖然與鷲、鷹、鳶同屬於鷹形目，但根據DNA研究，它其實是鸚鵡或麻雀一類。現在已經分類在隼形目隼形科隼形屬了。

Q 4

Ⓐ 伯父

伯父、伯母，是指比媽媽或爸爸年長的兄姊。叔父、叔母則是比爸爸或媽媽年輕的弟妹。

Q 5

Ⓑ 國中生、高中生

根據日本的學校教育法，受初等教育者（小學生）為兒童，受中等教育者（國中生、高中生）為生徒，受高等教育者（大學生、高等專科學校生）為學生。

Q 6

Ⓐ チャック

「ファスナー」（fastener）才是拉鍊的正式名稱。「チャック」是從「巾着」（きんちゃく）訛變而來。除了日本人以外無人使用。

Q 7

Ⓐ 推理

推理的樂趣在於揪出犯人、解開謎團；懸疑則是享受緊張刺激的情節，犯人大多早已曝光。

Q 8

Ⓑ 預金

銀行肩負著「代為保管（預留）金錢」的責任，因此稱為「預金」。代表「儲存」的「儲金」則用於郵局或農會。

Q 9

兩者皆可

從肛門排出的氣體統統都是「屁」。但沒發出聲音的不能稱作「おなら」。

第2章

最應景的季節話題

081

「一富士、二鷹、三茄子」其實還有到六！

相傳在新年的第一個夢裡見到「一富士、二鷹、三茄子」就會好運連連。富士（ふじ）讓人聯想到「無事」（ぶじ）、「不死」（ふし）；鷹（たか）會聯想到「高」（たかい）；而茄子（なす）則聯想到同音的「事成（成す）」，都是吉祥物。

其實後面還有「四扇、五煙草、六座頭」。扇子是指摺扇，代表「逐漸展開」；菸草是指「煙霧蒸蒸日上」；座頭是指剃髮的*琵琶法師，以「頂上無毛」（毛がない）象徵「平安無傷」（ケガない）。

082

「太郎」是一月的別名!?

一月的別名最有名的是「睦月」，其實除此之外大概還有一百種別稱。其中之一是「太郎月」。人們常將「太郎」當作男孩的名字，其實這原本的意思是「萬物之始」，而一月正好是一年的開始，所以又稱為「太郎月」。

【一月的別名（摘錄）】

睦月	王春	青春	子日月
正月	解凍	早綠月	初空月
祝月	始月	寅月	太郎月

＊琵琶法師是指雙目失明、以演奏琵琶為職業的僧侶，也指裝扮成僧侶的藝人。始自平安時代，現在也還留有少數。

083

壓歲錢原本是年糕!?

正月過年最令人期待的事情之一，就是領壓歲錢「御年玉」了。其實御年玉的起源是年長者將鏡餅當作「神明吃完、徹下的供品」給孩子們食用。人們認為「鏡餅中寄宿著神明的靈魂」，稱鏡餅為「年魂」（としだま）或「年賜」（としだま），也就是「年初＊賜物」，之後，身份地位高的人在過年時特別贈送給身份地位低的人的東西，便稱作「御年玉」（おとしたま）。

「御年玉」從年糕變成錢，是在江戶時代。相傳當時商店的老闆會特別發一筆零用錢給幫傭當作御年玉，爾後便普及了。

084

在一月七日剪指甲，那一年就不會感冒

一月七日是吃七草粥、祈禱一年平安健康的日子。其實這天又叫「七草爪」、「七日爪」，人們認為新年在這天第一次剪指甲，那一年就不會感冒。

剪指甲前是需要準備的。首先，在前一晚先將七草（芹菜、薺菜、鼠麴草、蘩縷、稻槎菜、蕪菁、蘿蔔）泡水，隔天早晨再將事先處理好的七草放入鍋中煮成粥，但浸泡的水不要扔掉。等吃完七草粥後，一家老小再將手指浸泡在這個水裡，等指甲軟化後剪去。

＊「獲得」（もらう）的敬語是「いただく」或「賜る」（たまわる）。「賜物」含有「獲得的東西」與「得到的好結果」等意義。

085 冬季奧運最南的舉辦地點是長野

二月是舉辦冬季奧運的月份。在日本，冬季奧運曾經舉辦過兩次，分別是一九七二年的札幌冬季奧運，以及一九九八年的長野冬季奧運。

冬季奧運舉辦地的最低條件是必須下雪，因此過去只在北半球舉行過。其中，在最南端舉辦的冬季奧運，就是長野冬季奧運。

順帶一提，長野冬季奧運的前一屆利勒哈默爾冬季奧運，則是在最北端舉辦的冬季奧運。

086 在節分被趕跑的鬼的聚集地!?

節分時，日本各地的人們都會喊「鬼在外」，把鬼趕跑。但有些地方其實會收留這些鬼。

最有名的是奈良縣吉野郡的天河神社。在這裡代代擔任神職的世家，相傳是*前鬼、後鬼的子孫，因此社方會在節分前一天舉辦恭迎祖先鬼的儀式「鬼之宿」。

在群馬縣藤岡市的鬼石，則因為地名，流傳著該鎮是由鬼投擲石頭而成的傳說，因此當地人將鬼視為守護神，每年都會在節分舉辦「鬼戀節分祭」，歡迎從全國被驅趕的鬼。

＊前鬼與後鬼是跟隨在山中修行、悟道的修驗道鼻祖役行者（役小角）的鬼夫妻。

087 不是只有日本才有貓之日！

二月二十二日是貓之日。這是由愛貓的知識份子組成的貓之日實行委員會與一般社團法人寵物飼料協會，於一九八七年制定的。自那以後，越來越多人知道這個節日，如今各地都會舉辦與貓相關的活動。

其實，世界上許多國家都有制定貓之日。例如美國是十月二十九日，俄國是三月一日，IFAW（國際動物福祉基金會）制定的「世界貓之日」則是八月八日。

順帶一提，根據二〇一五年環境省的統計，日本國內的貓咪咖啡廳共有三百間以上，是全世界第一的貓咪咖啡廳大國呢。

088 東京馬拉松的香蕉與番茄大戰!?

東京馬拉松在每年二月的後半舉辦。提到跑馬拉松時的補給品，大家都會先想到香蕉。株式會社Dole自二〇〇八大賽開始，每年都會免費提供香蕉。

但後來番茄也參戰了。番茄能抑制運動時產生的活性氧，並且補充水分，因此可果美株式會社自二〇一三年大賽開始，都會免費提供番茄。

在二〇一五年的大賽，雙方企業各自研發、使用了*可穿戴式裝置（穿在身上的電腦機械），吸引了不少目光呢。

＊Dole研發出的「Wearable Banana」是一根戴在手腕上的香蕉，上頭會顯示心率；可果美開發的則是「Wearable Tomato」，會自動將番茄塞進跑者嘴裡。

089

送給男孩的雛人偶

三月三日是女兒節、人偶節。應該許多人腦中浮現都是人偶與女官一字排開的華麗女兒節娃娃。但你知道嗎？也有男孩專用的雛人偶喔。

男孩專用的雛人偶稱作「天神雛」，外形以學問之神菅原道真為範本（➡P176）。三月三日，生男孩的家庭會在家中擺放天神雛，祈禱孩子有朝一日變成學富五車的大人物。這個習俗只出現在靜岡縣、山梨縣、愛知縣等部分地區，現在雖然已經很少見了，但依然有人傳承了下來。

090

櫻花口味其實不是口味而是香氣

就算吃櫻花的花瓣或葉子，也吃不出櫻餅的味道和香氣。櫻花口味的真面目到底是什麼呢？

櫻餅的葉子並不是新鮮的，而是用熱水汆燙、以鹽醃漬過的。一旦用鹽醃漬過，葉子裡的成分香豆素就會跑出來。這種香豆素會讓櫻餅散發出獨特的香氣。

加在果凍和蛋糕裡的櫻花也都是汆燙後用鹽醃漬過的。換句話說，「櫻花口味」其實是櫻花用鹽醃漬後出現的香味。

2 季節

091 只有日本過白色情人節!?

包含歐美在內的許多國家都會過情人節。但回禮的白色情人節，其實是從日本點心製造商舉辦的活動開始的。

歐美的情人節一般都是伴侶或家人間互相贈送花束、卡片，或者由男性送禮物給女性，因此他們沒有回禮的習慣，在國外也幾乎沒有人知道白色情人節。

不過，最近韓國與台灣也開始仿效日本過白色情人節了。

092 紀念的紀念日!?三月九日是紀念郵票紀念日

日本有各式各樣的紀念日，甚至有個唸起來稍稍拗口、紀念重複了兩次的紀念日，那就是紀念郵票紀念日。

紀念郵票是國家為了紀念重大事蹟而發行的特殊郵票。日本第一次發行紀念郵票，是在一八九四年的三月九日，目的是慶祝明治天皇結婚二十五週年。當時是在距離典禮不到一個月時決定發行的，還留下了不眠不休製作的紀錄。

而為了紀念日本首次發售紀念郵票，三月九日便被定為紀念郵票紀念日了。

更多逗知識　日本人在聖誕節吃草莓蛋糕，也是點心製造商的策略。因此5月盛產的草莓，便提早到12月開始出貨了。

093

四月一日為什麼算早生!?

日本的學校從四月一日開始就是新學年。但分在同一年級的卻是從四月二日開始到隔年四月一日生的學生。為什麼只有四月一日提早了一個年級呢？

原因在於年齡的計算方式。其實日本人並不是在生日當天多滿一歲，根據法律，歲數增長是在生日前一天結束時（半夜十二點）。換句話說，四月一日生的小孩會在三月三十一日滿六歲，四月二日生的小孩則是在四月一日才滿。所以四月一日與二日，才會變成新學年的分界。

094

愚人節在日本是「忘恩負義日」!?

四月一日是可以光明正大說謊騙人的日子。起源眾說紛紜，但在日本是於大正時代開始普及的。

其實，早在愚人節普遍之前，日本在四月一日就有一個特殊的傳統節日——「忘恩負義日」。

聽起來和愚人節有些相似，意思卻截然相反。這天並不是叫人去做忘恩負義的事，而是針對自己的忘恩負義道歉。忘恩負義日的起源不明，但在江戶時代，人們都會在這天寫信給好一陣子沒聯絡的人。

095 竟然有五十六片葉子的幸運草!?

四月的生日花白三葉草，一般都是三片葉子，但偶爾也會生出四片葉子，也就是幸運草。人們認為這四片葉子各自代表希望、誠實、愛情、幸運，若找到它就能好運連連。

四葉草已經夠稀奇了，想不到岩手縣花卷市的花圃竟然長過五十六葉的幸運草，創下了金氏世界紀錄。

但這並不是天然的，而是將葉子數量多的幸運草嫁接而來的。

096 蒲公英絨毛尾端不是種籽，而是果實

蒲公英會隨風飄揚、落地發芽。其實長在蒲公英絨毛尾端、看起來像種籽的那東西是果實，稱作瘦果，是一種沒有果肉的乾果實，果實的皮與種籽的皮緊緊相連在一起。

果實被鳥啄食後，種籽會隨著糞便被帶往遠方，但蒲公英是靠著絨毛自己運送種籽的，所以不需要美味的果肉。

更多逗知識 向日葵與橡果也不是種籽，而是瘦果。說到果實，一般人想到的大多是多汁的果肉，其實那稱作液果，而向日葵和橡果稱為乾果。

097

轉了八十八個晚上的茶園電風扇

五月二日是從立春開始的第八十八個夜晚，也是茶葉的採收季。在這稍早之前，農民會在茶園裡裝設大型電風扇。這並不是為了「讓採收茶葉的人舒服一點」，而是為了茶葉。

茶葉在生長時怕冷，尤其霜更是大敵。這個季節有時天氣會突然變冷，為了預防霜害，農民便裝設了電風扇，將上空溫暖的空氣捲到地面來。

這種吹茶葉的巨型電風扇是由日本研發的，現在全球的茶葉產地都會使用呢。

098

五月六日是香鬆節!?

應該很少有人知道五月六日是香鬆節。這是由國際香鬆協會制定的，但為什麼是五月六日呢？原來這當中隱含了香鬆誕生的祕密。

其實，香鬆是發祥自日本的食品。而且研發它的還不是食品公司，而是藥劑師。大正時代，藥劑師吉丸末吉為了緩解日本人的慢性缺鈣，想出了將魚連同骨頭磨碎的點子。他所製作的「飯友」成了香鬆的鼻祖，於是協會便以吉丸的生日五月六日做為紀念日了。

099

使用日本傳統捕魚法「鵜飼」的漁夫，是國家公務員!?

五月十一日是鵜飼捕魚的解禁日。鵜飼就是從船上操縱鵜這種水鳥，讓牠們捕撈淡水魚。全國各地都有這種捕魚法，但只有岐阜縣長良川的鵜匠是國家公務員。明治時代，鵜飼捕魚法曾經一度陷入失傳的危機，當時與皇室關係深厚的長良川鵜匠從宮內廳獲得了職員的身份，這才將鵜飼代代相傳了下來。

100

「五月雨」原本是形容梅雨的詞彙

日本人將老是拖拖拉拉形容成「五月雨」，其實這個五月雨並不是在五月下的雨，而是指長長的梅雨季（➡P70）。

明治時代，為了配合國外的曆法，日本改變了過去所使用的日曆。與現在的日曆相比，過去的日曆大約提早了一個月，換言之現在的六月，就是舊曆的五月。

五月涼爽晴朗的日子稱為「五月晴」，其實這原本也是指「梅雨放晴」的意思。

更多逗知識　鵜飼的鵜不會把魚完全吞下，而會從喉嚨裡吐出來。漱口的日文「ウガイ」就是源自「鵜飼」（うかい）唷。

101 東日本與西日本的「梅雨」不同

六月至七月大量降雨的時期稱為「梅雨季」，但東日本與西日本的降雨方式卻不同。

東日本是淅瀝淅瀝長時間慢慢下，雨量較少，日照時間也短；西日本是雨天與晴天涇渭分明，會下暴雨，但晴朗的日子也多。

這是因為降雨的梅雨鋒面受到西南氣流影響而增強。風將雲往上推，導致西日本容易形成會打雷的積雨雲並降下暴雨。

102 蝸牛有一萬兩千顆牙齒

蝸牛是梅雨季的常客。一般人大多以為蝸牛是將食物溶解得爛爛的再吃掉，但給牠吃高麗菜或胡蘿蔔，上頭卻會留下咬痕。

其實，蝸牛擁有一萬兩千顆牙齒，叫作齒舌，小小的牙齒排列在舌頭上，像磨泥器一樣。蝸牛會用齒舌將食物磨碎後吃掉。為了攝取生長殼所需要的鈣質，有時牠連磚牆或水泥都會啃蝕，真是太驚人了。

＊鋒面就是指暖空氣與冷空氣交界的地方。溫度不同的空氣互相碰撞，就會形成雲並降雨。

103 被雨淋濕就變透明的花

這種花叫作「山荷葉」，是生長在高山上的植物，擁有白色的花瓣與黃色的雌蕊、雄蕊，但花瓣一碰到朝露或雨水就會變透明。為了一睹如玻璃般晶瑩剔透的山荷葉，有些人甚至會特地選在雨天登山呢。

山荷葉的花期以六月的梅雨季為主，但在有些地方五月至七月也看得見。花的壽命很短，一朵花通常開兩到三天就會凋謝了。花謝後，會結出藍莓般可食用的藍色果實。

104 夏至是愛護地球的節能減碳日

日本的夏至與冬至相比，白天平均長了約五小時。因此在夏至這天，全世界都會進行「關燈運動」，以改善地球環境、防止地球暖化。

關燈運動就是將戶外的霓虹燈與家裡的電燈切掉，在日本於二〇〇三年開始實施。環境省將夏至這天與七月七日夜晚的八點至十點定為特別實行日，呼籲大眾關燈。關燈時會點蠟燭，舉辦「百萬人燭火之夜」的活動。

更多逗知識 關燈運動是從彗星接近日本時，環境省呼籲民眾「把電燈關掉、更能看到彗星」而開始的。

105 在七夕短籤上寫字，字會變漂亮!?

相傳在七夕短籤上寫下心願，掛在竹子上，願望就會實現。以前的說法則是「在短籤上寫字，字就會變漂亮」。

其實七夕，是由中國的習俗「乞巧節」與日本的傳說「棚機津女」結合而成的。中國的乞巧節是崇拜織女、供奉針線、向星星許願，以祈求女紅、書法等手藝精進的節日。傳至日本後，則成了將短籤掛在竹子上「讓字變漂亮」。後來不知不覺，就演變成寫上各種願望了。

106 平成七年七月七日七十七歲的人的生日

世界上有許多不可思議的巧合。例如平成七年七月七日滿七十七歲的人，竟然是大正七年七月七日出生的。在大正時代，根本沒有平成這個年號，也沒有人知道何時年號會轉變，所以只能說是純粹的巧合。

其實，同樣的事情也發生在平成三年。有個在平成三年三月三日滿三十三歲的人，竟然是昭和三十三年三月三日生的。

或許換了新的年號後，又會出現不可思議的巧合呢。

107 海之日與月海有關!?

為了「感謝大海的恩惠，祈求海島國家日本繁榮」，日本政府於一九九五年，將七月二十日制定為海之日。

其實七月二十日，碰巧也與月海（註：月海指月球上的黑色玄武岩平原）有關。一九六九年七月二十日，人類第一次踏上月球。美國太空船阿波羅十一號的登陸地點，就位於月球表面一塊叫作「靜海」的地方。

海之日後來修法改為七月的第三個星期天，但在過去，其實是制定在對人類與海洋都充滿紀念價值的七月二十日。

108 日本三大祭典祇園祭竟然有外國的設計元素

七月一日至三十一日為期一個月的京都八坂神社祇園祭，是日本的三大祭典之一。其中最有名的就是山鉾遊行了。

裝飾得華麗絢爛的山車「鉾」，在城鎮裡緩步前行，仔細一看披在山鉾上的布料，會發現有些竟然繡了「金字塔與駱駝」、「中東宮殿」、「舊約聖經的一幕」等異國文化。這是因為在戰國時代，古人將中國、波絲傳入的*壁毯用來佈置鉾，而現在仍保留了這個習慣。就日本傳統祭典而言，還真是個不可思議的景象呢。

*壁毯就是將風景、故事，利用各種絲線如畫一般呈現出來的紡織品。會掛在牆上做為室內裝飾。

109 絕食是讓撈金魚的金魚長生的秘訣!?

提到夏天的祭典，應該很多人都會想到撈金魚。這些在節慶撈回的金魚感覺壽命都很短，其實讓牠們長壽的關鍵就在帶回家之後的頭幾天。

金魚離開出生的故鄉，捱過在節慶被人類追趕的日子，總算有了個家，這時牠們壓力其實是很大的。所以剛開始頭三天都不能給飼料，否則金魚容易因為壓力而消化不良。等到可以給飼料後，也只要一天一次就好。沉底的飼料也要清除，以免污染水源。

110 在盂蘭盆節連跳三十三晚，甚至跳到天亮的盂蘭盆舞

岐阜縣郡上市的「郡上舞」，是擁有四百年歷史的盂蘭盆舞。人們會從七月中旬到九月上旬，連續跳上三十三晚的舞。光這樣規模就很驚人了，其中八月十三日至十六日這四天，還會徹夜跳到天亮。

據說這項習俗始自江戶時代城主的一番話：「在盂蘭盆節這四天，人們當不分身份、開懷共舞」。如今不論是觀光客還是當地人，都會圍成一圈一同手舞足蹈。順帶一提，跳得好的觀光客還會得到傳統文化保存協會審查員贈送的「真傳」印章喲。

更多逗知識　在神奈川縣藤澤市的「世界最大撈金魚大會」上，曾經出現全長63公尺的水槽，裡頭有大約4萬隻金魚與青鱂魚，創下了金氏世界紀錄。

111

收音機體操竟然有夢幻的「第三式」

說到收音機體操，大家對於第一式和第二式都很熟悉。（註：收音機體操是日本政府為增進國民健康所編創的廣播體操，最早出現於一九二八年，隨收音機一起普及全日本）但從戰前到戰後，其實還有另一支夢幻的「收音機體操第三式」。人們在廣島發現了第三式的錄音，並在埼玉找到了介紹這種體操的報紙。後來由龍谷大學的安西將也教授，睽違七十年復刻成功。

收音機體操第三式有許多像划船一樣特別的動作。

112

夏季甲子園大賽的歌曲曾搞錯作詞者二十年

《榮冠因你而閃耀》（栄冠は君に輝く）是夏季全國高中棒球錦標賽的主題曲。現在的作詞者為加賀大介，但過去曾有二十年，掛的是另一人的名字。

一九四八年，為了紀念第三十次高中棒球錦標賽，賽方公開招募歌詞。當時加賀以未婚妻，即後來的妻子道子的名字報名並獲選。之後二十年，這首歌的作詞者寫的都是中村道子。直到第五十次錦標賽，加賀說出真相，才更正過來。

113

在海之日、山之日之前還有「空之日」！

七月的第三個星期一是海之日，八月十一日是山之日。那麼九月二十日呢？既然都有山、海了……沒錯，答案就是「空之日」。

「空之日」的起源比海之日、山之日都古老，可以追溯至一九四〇年。這年距離一九一〇年日本國內首次公開動力飛行，正好是三十週年。為祈求航空技術振興，政府將九月二十八日定為「航空日」，舉辦了航空大賽等一連串活動。第二年起，改為九月二十日。之後於民間航空復興四十週年的一九九二年，改稱為更親切的「空之日」。

114

賞月不只在十五夜，十三夜也要賞？

農曆八月十五日、現在的九月十五日前後是人們賞月的日子，日本人將這天的月圓稱為「中秋明月」。這裡賞的中秋明月是「十五夜月」，但其實在農曆九月十三日，還有賞「十三夜月」的習俗。

賞十三夜月時，除了糰子，也會供奉栗子與豆子，所以十三夜月又叫「栗名月」、「豆名月」。十五夜月與十三夜月，兩者合稱「雙夜月」。若十五夜賞了月，那麼約一個月後的十三夜一定也要賞月。因為獨愛一個月亮的「片月見」是不吉利的。

更多逗知識　海之日、山之日都是日本的國定假日。唯有空之日是紀念日，不是假日。

115 鎮壓颱風的符咒成了妖怪鐮鼬!?

九月是颱風的季節。日本人自古以來，都會在這個時期舉辦「風祭」，向神明祈求鎮壓颱風。

風祭當天，人們會在屋頂與青竹上綁鐮刀，讓鐮刀順著風向立起來，這稱為「風切鐮」。當風切鐮生鏽，就代表它「切斷了不好的風」。

一直以來，人們都把強風吹過時肌膚不知不覺被劃傷的現象，視為「妖怪鐮鼬搞的鬼」，有一說便認為，鐮鼬是風切鐮化成的妖怪呢。

116 兩個「九」代表吉祥如意？忌諱的日子成了節慶

農曆九月九日是「重陽節」。或許大家對這個節日並不熟悉，但它其實是袚除邪氣、祈求長壽的日子。又因為它與代表健康的菊花花期重疊，所以人們都會在這天擺出菊花。

其實日本自古以來，就因為「九」與「苦」發音相同而對九充滿忌諱。不過根據中國的陰陽五行說，「九」是代表吉祥的單數中最大的數。因此日月都是「九」的九月九日「重九」，是非常吉利的日子。這個文化自平安時代傳入日本，成了日本人熟悉的宮中儀式。

更多逗知識　舉辦風祭的「二百十日」是現在的9月1日。從立春開始第210天的這天，同時也是農家三大厄日之一。

117 「帕拉林匹克運動會」是日本人命名的!?

帕拉林匹克運動會是專為殘疾人士舉辦的運動盛會。這個運動會首次接在奧運後舉辦，是在一九六四年的東京奧運。因為與奧運一併舉辦，知名度便一口氣提升了。

當時將它取名為「帕拉林匹克」的也是日本。據說這個字原本是Paraplegia（半身不遂）加上Olympic而來的。後來官方將Paraplegia的語源改成了Parallel（平行）。

118 有丟球的全國錦標賽!?

丟球是運動會的熱門競賽項目，但你知道嗎？這個運動甚至還發展出了全國錦標賽呢。

賽名為「全日本丟球大賽」。每隊有四至六名成員，比賽哪一隊最快將一百顆球扔進籃子裡。發祥地是北海道和寒町。籃子的尺寸是用和寒町相關的數字制定的，這點也很有趣。

全日本丟球協會公認的籃子尺寸

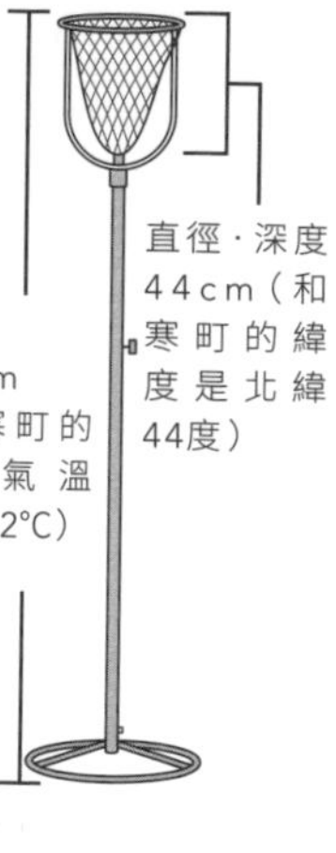
高4m12cm（和寒町的最低氣溫是−41.2°C）

註：丟球規則：在時限內將越多球丟入籃子內即獲勝。

119 神無月有留守當地、沒去出雲的守護神

相傳十月是神無月，全國的八百萬神都會聚集到出雲。不過，據說也有不去出雲、負責看家的守護神。

那就是七福神的惠比須。理由眾說紛紜，像是祂行動不方便、無法去出雲，所以希望百姓在其他神出外時祭祀祂等等，不變的是祂始終留在當地，守護百姓。

而感謝惠比須一年來的照顧，祈求五穀豐收、生意興隆的祭典，就叫「惠比須講」。

120 秋味指的不是秋天的美食!?

提到「秋味」，很多人想到的都是秋天當季的食材。但「秋味」其實並不是「秋天的味覺」的意思。

秋味這個詞原本是指鮭魚，主要用於北海道。在愛奴語中，為了產卵於秋天溯溪而上的鮭魚，稱為「秋食」，譯成日文就變成秋味了。這個詞也指所有的鮭魚，包括鹽漬鮭魚。

因此，吃著秋天肥美的秋刀魚，嚷嚷著「秋味就是要吃秋刀魚」，可是會變得不倫不類的，要小心啊。

121 在文化日受到表揚，年金會增加!?

十一月三日文化日，政府會舉行文化勳章頒獎儀式、表揚為日本文化發展不遺餘力的人，並在同一天褒獎文化功勞者。這是僅次於文化勳章的榮譽，在傳統藝能、藝術、體育等領域活躍的人，會被遴選而出。

其實，文化勳章獎只頒發勳章，文化功勞者則可獲得三百五十萬日圓的年金。而且是直到去世為止。這是為了勳章獎沒有副獎所增設的制度。文化勳章獎的得獎人會從前年度以前的文化功勞者中選出。

122 暖桌建議十一月再拿出來

十一月初有一天叫作「亥子」。人們會在*亥月、亥日、亥時吃下「亥子餅」，祈求子孫滿堂。「亥」指的是山豬，相傳吃下像山豬寶寶一樣有三根條紋的餅，就能像山豬一樣多子多孫。

另外，山豬也不怕火，人們認為在這天幫鍋子生火，就不會發生火災。在茶道中，從這天開始就能使用冬天的茶釜「爐」，稱為「開爐」。

基於同樣的原因，據說古時候都會在這天開始使用暖桌唷。

＊就像年有十二支，月、日、時刻也是用十二支劃分的。亥月是十一月，亥時是晚上九點到十一點，亥日則是每十二天輪一次。

123 兩顆門牙有神明的名字

十一月八日是「好牙日」。是政府為呼籲國民「注重口腔保健，不論幾歲都能吃得津津有味」而制定的。

但你知道牙齒有著奇怪的別名嗎？例如最裡頭的智齒叫作「親不知」，門牙旁尖尖的犬齒稱為「剪線齒」。而門牙竟然還有神明的名字。從自己的方向看，右邊的叫「惠比須齒」，左邊的叫「大黑齒」。惠比須是保佑漁獲豐收、生意興隆的神，大黑則是保佑五穀豐收、出人頭地的神。少了其中一顆，福氣搞不好就會漏光呢。

124 十一月也有兒童節!?

為了讓孩童平等地接受教育、健康快樂地成長，聯合國於一九五九年宣佈了「兒童權利宣言」，之後又於一九八九年十一月二十日訂定了「兒童權利公約」。

因此，對兒童福利而言，十一月二十日是全球性的紀念日，稱為「世界兒童節」。

在日本已經有五月五日兒童節了，因此很少有人知道，但近年來也有越來越多國外企業會舉辦相關的活動。

125

有獎賀年卡可以寄到全世界

說到年初問候，一定會想到賀年卡。由日本郵局發售的有獎賀年卡，只要再貼上十八日圓（二〇一七年的價格）的郵票（總共八十日圓），就能寄送到全世界。但抽到的獎項只能在國內郵局兌換。

寄海外明信片的要點

- 明信片要橫著寫
- 地址用英文或法文
- 空白處寫「AIRMAIL」或「POST CARD」

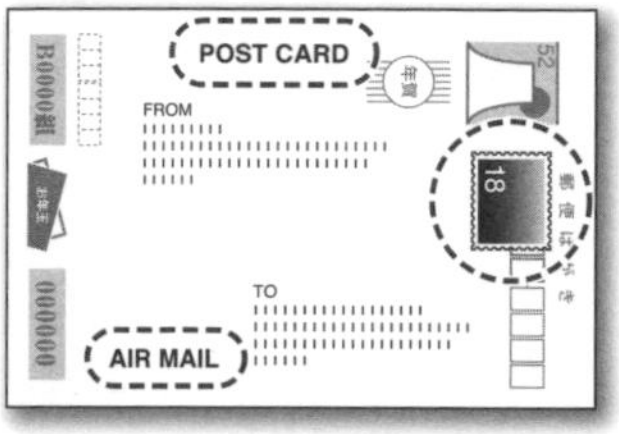

126

聖誕老人有日本人!?

聖誕老人住在北極圈的格陵蘭，人們認為他擁有永恆的生命。

但僅靠一個人要發放全世界的禮物實在太困難了，因此一九五七年，聖誕老人成立了「格陵蘭國際聖誕老人協會」，從世界各地募集聖誕老人的幫手。這個協會裡也有日本人。在一九九八年聖誕老人試驗中，以史上最年輕三十五歲脫穎而出的人叫作天堂山元。每年他都會出席世界聖誕老人會議，並持續更新聖誕老人證照呢。

127

除夕夜的慣例紅白歌唱大賽，原本是新年節目

除夕夜的慣例紅白歌唱大賽，其實一開始是透過收音機播放的新年特別節目。播放日為一九五一年一月三日，紅隊、白隊都只有七組人馬登場。

直到一九五三年的第四屆，才改成於除夕夜播放，這屆大賽搭配了電視轉播，像現在一樣於除夕夜播出。但這年也有在正月播放，成了唯一一年播放兩次紅白歌唱大賽的年份。

這屆獲勝的是以華服登場的紅隊。白隊還曾經抱怨「電視太恐怖了，輸在治裝」呢。

128

跨年蕎麥麵跨年吃不吉利

吃跨年蕎麥麵討個吉利的說法有好幾種。有人認為這樣能像蕎麥麵一樣「細細長長」、健康長壽，也有人認為金飾、銀飾的工匠會用蕎麥粉蒐集飛散的金粉與銀粉，因此能提升財運。

另外，由於蕎麥麵容易咬斷，所以吃蕎麥麵也帶有「切斷惡緣」、「停止負債」等切割災厄的含意。許多人因為「跨年」兩字，習慣在跨年的瞬間吃蕎麥麵，但為了不把壞習慣帶到新的一年，不跨年吃才是吉利的。

驚奇雜學測驗

日常物品的名稱

Q 1

頂端有顆蓬鬆毛線球的帽子叫什麼？

Ⓐ 小大帽

Ⓑ 小正帽

Q 2

聖誕樹頂端星星的名字是哪一個？

Ⓐ 巨星

Ⓑ 頂星

Q 3

手錶調時間的螺絲叫什麼？

Ⓐ 龍頭　Ⓑ 王冠

Q 4

電腦滑鼠移動的單位是什麼？

Ⓐ 米奇

Ⓑ 老鼠

Q 5

超市裡讓客人打包的桌子叫什麼？

Ⓐ 網球台

Ⓑ 足球台

Q 6

固定扇子骨架的金屬零件叫什麼？

Ⓐ 蟹眼

Ⓑ 蝦眼

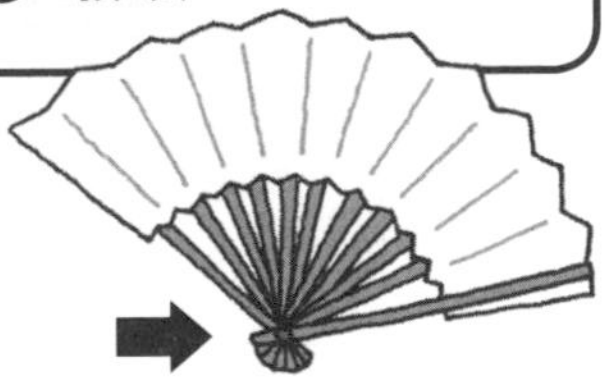

Q 7

讓鞋帶穿過的孔叫什麼？

Ⓐ 鷹眼

Ⓑ 鴿眼

Q 8

工地常用的單輪手推車叫什麼？

Ⓐ 犬車

Ⓑ 貓車

Q 9

護欄兩端這個弧形的結構叫什麼？

Ⓐ 袖樑

Ⓑ 袖門

答案在➡ P86

答案

Q 1

Ⓑ 小正帽

1923（大正12）年在朝日畫報上連載的《小正的冒險》，紅遍了街頭巷尾。而主角小正頭戴的帽子，也成了「小正帽」熱賣。

Q 2

Ⓑ 頂星

聖誕樹頂端的星星，就叫「頂星」，象徵著耶穌誕生時，引導智者前往耶穌誕生地伯利恆的「伯利恆星」。

Q 3

Ⓐ 龍頭

在還沒有機械錶的時代，古人是用寺廟的鐘聲來報時的。吊著鐘的部分稱為「龍頭」，據說這就是由來。

Q 4

Ⓐ 米奇

這是由電腦滑鼠的發明人以米奇老鼠命名的。1米奇等於1%英吋（約0.25公釐）。也就是說滑鼠移動了1公釐，相當於4米奇。

Q 5

Ⓑ 足球台

這個字並不是源自足球運動（socker），而是從裝袋店員衍生而來的。在英文，於超商裝袋的店員稱為sacker。

Q 6

Ⓐ 蟹眼

因為像螃蟹的眼睛凸凸的。後來這個零件的唸法從「蟹眼」（かにのめ）演變成「鹿眼」（かのめ、かなめ），後來又轉變為事物的核心「要點」（かなめ）。

Q 7

Ⓑ 鴿眼

由來是造型很像鴿子的眼睛。不只鞋子，用來穿繩、附金屬環的洞都叫鴿眼。

Q 8

Ⓑ 貓車

有人認為是因為這種推車的形狀像貓咪的背拱起來，也有人認為是因為它能像貓一樣在狹窄的地方移動。

Q 9

Ⓐ 袖樑

護欄長長的板狀結構叫作「樑」。樑的兩端是袖子，所以稱「袖樑」。

第3章

日本傳統

獨樹一格!?

129 天皇不必拿護照!?

申請護照通常需要戶籍謄本。那麼沒有姓氏也沒有戶籍的天皇該怎麼辦呢？其實不必持護照，也可以出國。

現在許多國家，都准許*國家元首及元首夫人不持護照入境。日本的天皇與皇后在憲法上雖然不是元首，但在國外仍被尊為元首，因此也承襲了這個習慣。

天皇、皇后以外的皇族，則會取得外交護照這種特殊護照，於每次回國時歸還。

130 天皇皇后的車牌號碼是「皇1」

天皇與皇后乘坐的車稱為「御料車」。御料車又分為皇室專用的「皇號」車與「品川號」車。當天皇、皇后為了國會開會儀式等國事外出時，就會搭乘「皇號」車；為其它事情出門則會搭乘「品川號」車。

在「皇號」車中，「皇1」是標準車輛，「皇2」是臥鋪車，「皇3」、「皇5」是迎接海外貴賓專用的特製車款。「皇4」則缺號。

＊國家元首（或元首）指代表國家的人。

131 宮內廳御用達制度早在很久以前就廢止了

許多商品都會打上「宮內廳御用達」（皇室御用）的名號，例如毛巾、傘、點心等等。這個稱號來自於戰前的「宮內廳御用達制度」，然而該制度早在一九五四年就廢除了。

但要說掛著這個頭銜是在說謊嗎？倒也未必。因為不少商家都是從還有宮內廳御用達制度的年代便提供商品給皇室，有些則是現在仍與宮內廳（註：掌管天皇、皇室及皇宮事務的日本政府機構。）有生意往來。不過，也有業者明明沒和宮內廳合作過卻擅自使用這個稱號，因此購買時需特別留意。

132 JR山手線原宿車站有皇室專用的月台

JR山手線原宿車站北側有一座綠屋頂的小建築，人稱「宮廷月台」，是全國唯一皇室專用的月台。這是一九二五年，為了讓當時身體健康已惡化的大正天皇外出時避開群眾所興建的。

這座月台之後在昭和天皇時代仍然經常使用，但到了現在的天皇幾乎已經不再啟動，最後一次動用是在二〇〇一年五月。據說天皇這麼做，是因為不願為靜養而動用專屬月台，增加國民的困擾。

更多逗知識　「宮廷月台」的正式名稱為「原宿車站側部乘降場」，除了號誌站以外，還設有貴賓室與等候室。

133 佛像也有分等級！最高級的是頂著釋迦頭的如來

最高等的佛像是如來像。如來意指「開悟者」，特色是一顆一顆的螺髮搭配簡單的衣著。東大寺的大佛就是如來像。

次一等的是菩薩像。這指的是「即將開悟的修行者」，例如耳熟能詳的觀音菩薩。相對於如來像代表開悟的釋迦牟尼，菩薩像代表的則是皇子時代的釋迦牟尼，因此菩薩像比較金碧輝煌。

再往下是對不遵從教義者現出憤怒相教化的明王像，以及佛的守護神天部像。

134 不只有金閣與銀閣，還有銅閣

興建銅閣的，是以設立帝國飯店而聞名的大倉財團創辦人大倉喜八郎。他認為「京都有金閣、銀閣，怎麼會沒有銅閣呢？」便在一九二七年，於京都別墅的建地內，蓋了三層樓高、青銅色銅片屋瓦的銅閣。

之後，為弔唁織田信長、信忠父子而建的佛寺「大雲院」，遷到了這棟別墅的舊址。

如今，銅閣隸屬於大雲院，人稱銅閣寺，但平常並未開放給一般民眾參觀，因此知名度不高。

135

千手觀音連眼睛都有千個

千手觀音以「觀音大士」的名號為人所知。顧名思義，千手觀音擁有千隻手，代表將手伸向所有人的無限慈悲。但祂並不只有千隻手。仔細觀察，會發現其實那千隻手掌上，各刻了一隻眼睛，象徵著遍觀世間、教化眾生的智慧。

136

祭壇與仁王像透過郵購就買得到!?

線香、蠟燭就算了，「難道還有人用郵購買仁王像!?」應該有人會這麼納悶吧，其實這是佛具製造商發給寺院專用的郵購型錄。

這種郵購型錄介紹了寺院必要的所有佛具，從牌位、木魚等小道具，到超過數千萬元的豪華祭壇與仁王像，售價與尺寸皆有詳細刊登。

最近也有越來越多佛具商改用網路銷售了。

更多逗知識　奈良的唐招提寺、大阪的葛井寺以及京都的壽寶寺，都有供奉真的刻了一千隻手的千手觀音菩薩像。

137 鳥居漆成紅色是為了不讓木頭腐朽

你知道為什麼神社的鳥居許多都漆成紅色嗎？

原因之一是人們自古將紅色視為驅魔避邪的顏色，另一個更實用的理由是因為紅色原料「丹」裡含水銀，具有防蟲、防腐的功效。

但紅色是從佛教傳入的色彩，因此在神佛分離派的神社，也有不少鳥居呈現的是樹木和水泥原本的白色或黑色。

138 神輿相撞能討神明歡心？

你看過祭典時，神輿用力搖晃、相撞的景象嗎？「那不是神明坐的轎子嗎？為什麼要這麼做呢？」應該有人覺得很不可思議吧。

當然這是有正當理由的。因為神明坐上神輿會亢奮，搖晃代表神明的威力更上一層樓。原本祭典就是為了增加坐在神輿上神明的威力所舉辦的。人們相信抬轎的人越是讓神輿相撞，神明越歡喜，會庇佑老百姓幸福。

139 看袴的顏色就能辨別神職人員的身份!?

神職人員有三種位階，分別是「職階」、「身份」、「階位」。根據身份，穿著的袴顏色也不同。身份從上至下，分為「特級」、「一級」、「二級上」、「二級」、「三級」、「四級」等六個等級，依神職的經歷與功績而定。

【神職人員袴的顏色種類】

身份	袴的顏色
特級	白（有白色藤紋）
一級	紫（有白色藤紋）
二級上	紫（有薄紫色藤紋）
二級	紫
三級・四級	淺蔥

140 看神社的屋頂就能知道神明的性別!?

神社屋頂上交叉矗立的「千木」，是神社建築的象徵。而看千木頂端的形狀，就能知道神社祭祀的是男神或女神。

雖然也有例外，但一般都是與屋頂垂直的外削是男神，與屋頂平行的內削是女神。

外削

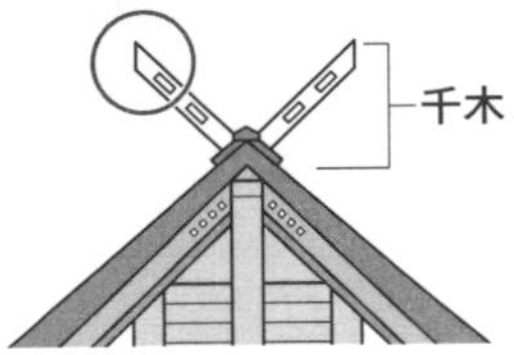

內削

更多逗知識　在祭祀儀式中穿的袍子（上衣）顏色，也是依身份而定。特級與一級是黑色，二級上與二級是紅色，三級與四級是綠（深藍）色。

141

「大吉」以上還有「大大吉」!?

神社及寺院所抽的籤，大致分為七階或十二階。七階由上至下為「大吉、中級、小吉、吉、末吉、凶、大凶」，十二階由上至下為「大吉、中吉、小吉、吉、半吉、末吉、末小吉、凶、小凶、半凶、末凶、大凶」。

但其中也有比較特別的籤，像是大吉再上去的「大大吉」。不過「大大吉」在全國只有少數幾間神社有，例如東京的靖國神社、京都的伏見稻荷大社等，是非常罕見的。

142

兩頭狛犬中有一頭是獅子！

狛犬是神社、寺院用來鎮邪的石像。閉嘴的「吽像」與張口「阿像」會成對擺在一塊兒。

雖然兩隻都叫「狛犬」，但其實只有吽像才是「狛犬」。阿像是獅子，正確名稱為「獅子狛犬」。狛犬是日本特有的文化，在印度及中國，守護獸一般都是兩頭獅子。

更多逗知識 為何守護獸在中國原本是獅子，到了日本卻變成狛犬，理由眾說紛紜，但有一說認為，是日本人將這種奇形怪狀的生物誤認成狗所導致的。

143 和尚剃光頭代表對清心寡慾的決心

提到和尚，應該許多人都會先想到光頭吧。可是為什麼要剃光頭呢？

因為不論如何剪、剃都會留長的頭髮與體毛，象徵無法抹滅的欲望——煩惱，因此剃髮含有斬斷煩惱絲的含意。

不過也有宗派像親鸞帶領的淨土真宗一樣，認為「擁有欲望才是人原本的模樣」而不主張剃髮，因此並非所有和尚都會剃光頭唷。

144 法隆寺有小雞雞的塗鴉

法隆寺是傳說中由聖德太子興建的奈良縣佛寺。它是世界上最古老的木造建築，是日本的國寶。如此歷史悠久、高貴的佛寺，天花板上竟然有一千三百年前留下的塗鴉。

畫塗鴉的應該是當時興建法隆寺的工匠。裡頭有人臉、天狗等各式各樣的圖案，甚至還有小雞雞。其實除了天花板以外也有其它地方被畫，例如擺放阿彌陀如來像的臺座下方，便有無數的塗鴉呢。

145 佛寺鐘上的突起物稱為「乳」

佛寺裡的鐘正式名稱叫作梵鐘。你知道梵鐘頂層有許多突起物嗎？一般來說鐘上都有一百零八個突起，象徵煩惱的數目，名字稱為「乳」。

據說這是室町時代的鐵匠，覺得突起的形狀很像女性的乳房，便開玩笑叫它「乳」，後來就成為正式名稱了。

146 奈良的大佛以前是金色的？

東大寺的大佛就是人們耳熟能詳的「奈良大佛」。它曾因一一八〇年與一五六七年的火災二度大規模翻修，原始部分只剩下一點點。據說原本在建造時，大佛並不是現在的青銅色，而是金碧輝煌的。

相傳鍍大佛用的黃金高達一萬零四百三十六兩（四百四十公斤）。當時的作法是將融化的黃金與水銀混合成漿狀塗抹，再從大佛內部以炭火加熱，使水銀蒸發。

更多逗知識　興建奈良大佛與大佛殿的費用，換算成現在的錢，一共高達4,657億日元。

147

在日本，以前的和尚還兼職當醫生？

日本醫療的歷史始於奈良時代，與傳自中國的佛教一同發展。當時的大型寺院設有施藥院與療病院等類似藥局及醫院的機構，以體現佛教的慈悲精神「菩薩行」。在這裡，擁有醫療知識與技術的僧醫們，會開立藥草的處方箋、幫人們祈禱，治癒百姓的痛苦。

僧醫後來也參與過民間醫療，但隨著室町時代儒家影響力大增，他們在醫界便日漸式微了。

148

佛會品嚐飯的熱氣？

人們常在佛壇上供奉食物，飯更是每天剛煮好就要拜。這是因為人們認為佛品嚐的並不是飯粒本身，而是米飯的熱氣。所以一般而言，剛煮好的飯都會先拿到佛壇祭拜，等飯冷掉了再撤下。

不過，由於米飯並不是為了讓佛飽餐一頓才拜，而是為了傳達出平日對佛祖的感謝、邀請佛「一同享用」，因此拜法並沒有嚴格的規範。

149 能樂中使用的能面會戴一百年!?

能樂的面具「能面」多達兩百五十種。驚人的是，室町時代及安土桃山時代製作的古老能面，會在許多能樂師的手中輾轉流傳使用數百年。由於能面髒了不能水洗，因此裡頭都會仔細鋪上吸附汗水及油脂的和紙，保管也都小心翼翼。

順帶一提，演員的額頭從能面後方露出來，並不是因為面具太小，而是刻意藉由露出額頭與脖子的線條，來豐富能面的表情。

150 落語家在古代曾服侍過戰國大名!?

落語成立於江戶時代中期，因此戰國時代自然沒有落語家。但有一說認為，落語家的起源是室町時代末期至戰國時代的官銜「御伽眾」。

御伽眾是侍奉貴族及大名，負責陪主公說話的人。從身為武士的心得到對故事的闡釋無所不聊，甚至還得在戰事吃緊時說些趣談來緩和緊張氣氛。

他們所講的故事流傳至百姓之間後，便成為江戶時代以後落語的源頭了。

更多逗知識 能面的頭髮及鬍鬚是用馬毛做的。長的用尾毛，短的用鬃毛。

151

三味線的弦染成黃色是為了防蟲!?

三味線是日本的傳統弦樂器之一，有三根弦。但你知道它的弦是黃色的嗎？

在江戶時代以前，日本的繭是黃色的，因此弦的顏色直接反映了原料絹絲在製作時附著的黃色素。到了明治時代透過品種改良，繭變成了白色，為了保留過去的傳統，人們便將弦染成了黃色。一開始是用無花果的果實，後來改用具有防蟲效果的薑黃來染色。

152

德川家光心愛的盆栽仍然健在

如果照顧得好，盆栽可以活上好幾百年。盆栽自鎌倉時代從中國傳入日本，許多鼎鼎大名的將軍都曾留下愛好盆栽的紀錄。

其中，德川家光更是一名熱情的盆栽愛好家。他尤其鍾愛松樹的盆栽，而實際上，家光栽培過的盆栽至今依然健在。名字是「三代將軍」，樹齡高達五百五十年，是名品中的名品，保管在皇居。

皇居裡有個叫作大道庭園、種植盆栽的地方，裡頭培育了約六百株盆栽。

153 猴子雜耍是一種祈禱？

猴子雜耍，就是由猴子上演各種把戲的一種表演。其實，這還是一項擁有驚人悠久歷史的傳統技藝。

早在奈良時代，猴子雜耍就已經從中國傳進日本了。當時人們將雜耍的猴子尊為替馬廄驅魔的祈禱師，因為自古以來，日本人一直視猴子為馬的守護神。室町時代以後，猴子雜耍失去了宗教意義，才成為街頭才藝而普及。

順帶一提，猴子雜耍的源頭可以追溯至四千五百年前。考古學家曾在美索不達米亞的遺跡裡，發現有關猴子雜耍的記述。

154 明治時代有折紙課

在明治時代，*高等女校與女子師範學校等學園，都開過折紙課。

雖然名為折紙課，但學的並不是創作的那種折紙。而是將贈品目錄、美術品鑑定書等文件左右對折的課程。

當時的女學生必須學習禮儀上的折紙知識，為禮節之一。

順帶一提，日本人在保證品質時所說的「附折紙」（附鑑定書），由來就是這裡的折紙。

＊高等女校是二次大戰前的女子中等教育機構，國小畢業後入學，就讀四至五年。女子師範學校則是培育女教師的國立學校。

155 日本沒有正式的國技!?

提到日本的國技，應該大部分的人都會先想到相撲，再來是劍道、柔道等等。這些誕生自日本的運動，當然都是國技，但在日本法令上，其實並不算「國技」。

因為打從一開始，日本的法律及法令就沒有指定國技。換言之，日本一個國技也沒有。

不過，國技還有另一項標準，那就是「廣泛受國民喜愛，代表國家的運動」。因此相撲、劍道、柔道，其實都已成為國技、滲透日本了。

156 柔道體重分級的意外規則

為了消除因體重造成的不公，現在的柔道依據國際規定，設下了體重分級規範。男子為六十公斤、六十六公斤、七十三公斤、八十一公斤、九十公斤、一百公斤、超過一百公斤；女子為四十八公斤、五十二公斤、五十七公斤、六十三公斤、七十公斤、七十八公斤、超過七十八公斤。好多數字看起來都不上不下。

其實這裡頭有個意外的規則。從最輕的級別開始，男子增加的體重依序為六、七、八……公斤，女子則是四、五、六……公斤，級別的幅度是逐漸增加的。畢竟體重只要稍微往下差一個階級，就很有可能影響比賽的勝負。

157

穿彩色柔道服是為了上電視

彩色柔道服初次亮相，是在一九八八年於西班牙舉辦的歐洲柔道錦標賽。賽方認為穿著不同顏色的衣服，戰況就能一目了然，能減少誤判。選擇藍色，則是因為在電視上看起來比較醒目。

彩色柔道服曾經遭到「重視傳統」的人大力反對。但據說自從歐洲導入了彩色柔道服後，柔道選手上電視的通告便增加了，比以前更能賺取演出費。日本國內的比賽，道服就只有白色了。

158

柔道的奪牌獎金是零圓!?

在奧運中拿下獎牌的選手，會獲得奪牌獎金。這筆獎金除了由日本奧林匹克委員會（JOC）提供以外，贊助企業與競技團體也會支付，因此每個競賽項目的金額都不同。

從二〇一六年的奧運來看，金牌的奪牌獎金（含JOC在內）為摔跤三百萬日圓、桌球一千萬日圓、游泳三千兩百萬日圓。而柔道從全日本柔道聯盟獲得的奪牌獎金竟然是零圓。據說這是因為柔道聯盟堅持「柔道是日本的競技，奪牌是天經地義」的緣故。

＊日本奧林匹克委員會將奪牌獎金設為金牌500萬日圓、銀牌200萬日圓、銅牌100萬日圓。柔道獲獎者能得到的就只有這些獎金。

159 棒球的開球儀式發祥自日本!?

這個人就是……

棒球比賽開始前，會由藝人或知名人士擔任投手，在投手丘上投球。

這種開球儀式於一九〇八年十一月二十二日首度舉行，當時是在日本舉辦的美國選拔隊與早稻田大學的比賽上。擔任開球儀式投手的是早稻田大學的創校者大隈重信。他發的球雖然遠遠超出了好球帶，但打者為了不讓他丟臉，選擇刻意揮空，讓它成了一記好球。

在棒球的發源地美國，則是於一九一〇年首度舉辦開球儀式。聽說當時並沒有打者站在球場上。

160 從俳句界進入棒球名人堂的人

這個人就是俳人正岡子規。

棒球名人堂，是為了表揚在日本棒球發展史上貢獻卓越的人所設的名人堂。熱愛棒球的正岡子規，不但吟詠過棒球的短歌與俳句，還發表過詳細介紹棒球規則的散文。他因為透過文學對棒球普及貢獻卓越，於二〇〇二年躋身名人堂。

順帶一提，正岡子規兒時的名字叫作「升」（のぼる），所以經常使用「野球」（のぼーる）這個筆名。

161

日本的棒球場都朝著同一個方向？

在日本棒球的官方規則中，有這麼一則針對球場規格的規範：「從本壘經由投手板朝二壘的線，必須面向東北東」，如此「最為理想」。只要遵守這則規範，內野席的觀眾視線就不會對到太陽，能清楚地觀看比賽。

但日本的球場大多無視這則規定而面向南方。原因是日本的球場大多是做為學生棒球教育的一環而興建的。面向南方除了觀戰方便，還能讓防守方的選手在大白天也能舒適地比賽。

162

大象來幫高中棒球加油!?

應該有人會吐槽「怎麼可能！」，但這是真的。

大象是在一九五一年的選拔大賽來加油的。兵庫縣的代表——兵庫縣立鳴尾高級中學的啦啦隊，向球場附近的遊樂園阪神樂園借了真正的大象帶入會場，為選手熱情打氣。

騎著大象出現在球場的啦啦隊隊長，惹得大會主辦人勃然大怒，但這場比賽他們隊伍贏得了漂亮的勝利，之後還打進決賽大展身手呢。

163 弓道不論射中標靶的哪裡得分都相同!?

弓道是射箭命中目標的運動。一般人都以為越靠近靶心「得分越高」，其實不論射中哪裡，分數都一樣。

在弓道的比賽中，有些是的中制，有些是得分制或採分制，但大多比賽都是以的中制來角逐。的中制就是比射中的機率，判定的標準只有「射中」或「射偏」。極端而言，即便只射中標靶的邊緣，只要能一直射中，就能贏得優勝。其實從持弓的地方來看，標靶只有指甲那麼大，光是能射中就非常了不起了。

164 有力士曾在對決時因丟垃圾而輸掉

這起「離奇事件」發生在一九六八年日本大相撲秋場所競賽的第一天。

比賽已經開始，朝嵐這位力士正打算擺出架式，對方卻要求暫停。就在此時，朝嵐在他擺出架式的標線上發現有掃帚掉落的鬚，為了避免踩滑，他撿起鬚來走到土俵外扔掉，不料審判委員發出異議，認為他「在比賽開始後走出土俵，視同毫無戰意」，結果就被無情地判了違規落敗。

＊弓道的得分制是離靶心越近，分數越高；採分制則是除了命中率以外，射箭的姿態、品行與態度都會納入考量。

165 力士身穿的兜襠布是不洗的

對大相撲力士而言，兜襠布是唯一的賽服。大家可能會心想兜襠布被泥土與汗水弄髒，一定很難洗……，其實兜襠布原則上直到退休為止都不會下水。

當然這也有不洗比較吉利的含意在，但實際上，是因為一旦清洗，布料就會變脆弱、無法牢牢繫緊。因此基本上兜襠布都是用過後就丟棄，或者當髒汙不嚴重時把泥土拍一拍，曬曬太陽來保養。

唯一的例外是師父過世時，可以清洗。

166 橄欖球的球衣為什麼是橫條紋!?

日本橄欖球代表隊的傳統球衣是紅白相間的橫條紋，但世界上的強豪國家隊大多穿無花紋的單色球衣。

其實日本在一九三〇年第一次組成代表隊時，原本打算模仿歷史強國穿上紅色或白色的素色球衣。但當時純白色已經是英格蘭代表隊的了，純紅色則是威爾斯代表隊的主場球衣，因此日本隊便改用橫條紋。橫條紋會因為錯視使身材看起來更魁梧，之後就成為日本橄欖球球衣的主流了。

167 插花界竟然有吉祥物！

吉祥物是「療癒系吉祥物」的簡稱。指的是振興當地或在企業宣傳活動上登場的吉祥角色。

近幾年來，就連注重形式與規矩的傳統藝文界，都增加了不少打破常規、活潑可愛的吉祥物。

草月流花藝的吉祥物「小花」（いけるちゃん）便是其一。她的自我介紹是「期盼有朝一日能在自己頭頂插花的竹子女孩」，令人印象深刻。

168 庭院裡的鹿威是用來驅趕動物的

竹筒敲擊岩石「叩」的聲響，在日式庭園中迴盪。這叫作「添水」，原理是讓水流進竹筒，待水積滿後溢出，再藉由反作用力敲擊岩石、發出聲音。

原本這是農舍的人，為了嚇跑破壞稻田與菜園的鹿或山豬等動物而設的裝置，稱為「鹿威」。

但因為「叩」的獨特音色相當風雅悅耳，如今已成為日式庭園中必備的設施了。

169 八百零四枚棋子的將棋

將旗是一種捉拿對方王將的遊戲，使用的棋子敵我共八種、合計四十枚。其中竟然還有用兩百零九種、共八百零四枚棋子來進行的版本，那就是江戶時代發明的大局將棋。

根據古籍記載，大局將棋使用的是三十六乘三十六的將棋盤，除了一般常見的棋子以外，還加入了「孔雀」、「力士」等民眾不熟悉的棋子。

但這並沒有留下實際的對局紀錄，因此是否有人對弈過仍是一團謎。

170 將棋是江戶幕府公認的遊戲!?

相傳德川家康熱愛將棋，而且本人棋藝高超。開啟江戶幕府後，他立刻將圍棋與將棋定為幕府公認的遊戲，並催生出由幕府支付俸祿下將旗的「將旗三家」（大橋家本家、大橋分家、伊藤家）。

一六三〇年，幕府舉辦了由將棋三家的代表，在將軍與老中面前彼此展露棋藝的「御城將旗」（類似御前比賽）。日後經制度化，於每年舊曆的十一月十七日舉行。現在的新曆十一月十七日則訂定為「將棋日」。

171

用隕石做的日本刀！

在宇宙間長期漂流、最後墜落到地球的隕石，含有許多地球上缺乏的成分。有些日本刀，就是用如此神秘的隕石打造而成的。

最有名的是一八九〇年，以在富山發現的隕石打造的「流星刀」。現在已經進獻給天皇。

再來就是由千葉工業大學保管，用一八三六年於非洲沙漠發現的「吉丙隕石」鍛造的「天鐵刀」。這顆隕石的成份，據說比地球的歷史還古老呢。

172

日本有「憲法色」這種顏色

在日本，有超過一千種以上名字獨特的顏色，稱為傳統色，例如珊瑚色、茜色等等，憲法色也是其中之一。這是一種接近黑色、帶點紅的深茶色，讀音是「けんぼういろ」，而不是「けんぽういろ」。

自從安土桃山時代活躍至江戶時代的劍術家吉岡直綱，於大坂之役落敗後從事道服染色的工作以來，憲法色便在百姓間流傳開來。相傳由於吉岡除了本名以外，使用的名號叫作「憲法」，於是這個顏色就叫憲法色了。

173

打開盒子需要一百個步驟!?代替金庫的祕密盒?

現在有一種日本伴手禮，非常受到外國觀光客矚目。那就是箱根（神奈川縣）的傳統工藝品祕密盒。

祕密盒是江戶時代的人用來代替金庫的盒子。這是木製的，沒有附鎖，卻很難打開。祕密就在於側面與內部如益智拼圖般的機關，若不按照一定的順序滑動木板，就絕對打不開盒子，非常精巧。大部分的祕密盒都能在四步到十二步之內解開，但有些卻超過一百步，比上鎖的金庫還難打開。

174

盆栽也要高科技化!?空中盆栽大受歡迎！

最近網路上出現一種神奇盆栽，在國外掀起熱烈討論。這是由「星人空中盆栽園」這間日本企業研發的商品「空中盆栽air bonsai」。臺座與苔蘚球裡裝了磁石，利用互斥的力量讓盆栽浮在半空中滴溜溜地旋轉。網路上販賣的是可自行組裝的套件組。

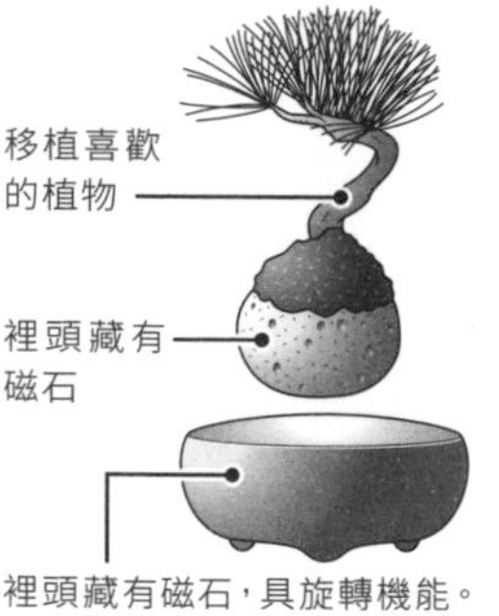

移植喜歡的植物
裡頭藏有磁石
裡頭藏有磁石，具旋轉機能。

175 武士殺人後要向官衙提出申請

在時代劇裡不時可以聽見「斬捨御免」這句話。其實這是江戶時代武士們的特權，當受到比自己身份低賤的人「冒犯」時，就能斬殺對方且不被問罪。

但這並不是無條件的。「斬殺後需立刻向官衙提出申請」、且「殺人責任重大的，應在家閉門反省二十天以上」。若拔刀後被對方溜走，還會反過來遭受懲處。雖說是特權，卻不能輕易殺人哪。

176 只在西日本世家流傳的女紋

日本有兩萬種家徽，其中流傳於西日本世家的女紋特別罕見。

顧名思義，女紋是由女性繼承自生母的家徽。即便婚後姓氏改變，也會一直承接，直到沒有女嗣。出嫁時，整套嫁妝上都會印有女紋，藉此區別哪些是自己的所有物。這麼一來，女性就能守護自己的財產。

在母系繼承較普遍的西日本，現在仍有「無女紋就不算望族」的說法。

更多逗知識 遭到冒犯與斬捨御免在時間上必須連貫，若只是想起以前對方的無禮便殺人，是得接受懲罰的。

177

日本人都要把牙齒染黑!?

江戶時代的女性化妝時會將牙齒染黑，稱為「齒黑」。但你知道這項習俗竟然可以追溯至繩文時代嗎？從古墳挖掘出的人骨與埴輪，都有齒黑的痕跡。一直到明治時代，政府才頒布齒黑禁令。在日本，齒黑進行了約一千年以上。在日本歷史中，白色的牙齒反而是稀有的。

齒黑具有預防口臭與蛀牙的效果。或許做為牙齒保健的一環，齒黑的成效相當亮眼呢。

178

遇到裝滿嫁妝的車讓路後會得到好東西

自古以來，名古屋（愛知縣）人在嫁妝上總是花錢不手軟。儘管現代嫁妝豐厚的新娘已經越來越少了，但當地人在嫁娶時仍保有過去的習俗。

在名古屋，若於狹窄的小路遇見裝滿嫁妝的卡車，對向車一定得讓道。因為出閣的卡車是禁止倒退的（➡P262），讓路後駕駛人可以獲得饅頭。卡車上都會事先準備發給對向來車的饅頭。

更多逗知識　齒黑的材料是含醋酸鐵的溶液與含單寧酸的粉末。兩者交替塗抹便能將牙齒染黑，但每天或隔幾天就得重染。

179 傳統變了？掉落的乳牙未來的命運……

日本自古以來，就有「將掉落的乳牙扔到屋外」的習俗。上排的乳牙墜落後要丟到外廊的地板下，下排的乳牙掉落後則要拋到屋頂上，藉此祈禱恆齒能長得整齊漂亮。

然而，最近乳牙的新去向卻頗受矚目，那就是牙髓細胞銀行。在最新的研究中，科學家發現位於牙齒中央的齒髓幹細胞，能用於各種臟器的再生醫療。若保管的目的是自己及家人的醫療就需付費，也可以透過捐齒（不是捐血）免費捐贈。

180 以前只要背得動六十公斤的米就算大人!?

在現今的法律中，只要年滿二十歲，每個人都會自動轉為「成人」。但二十歲成人的法令最早是在一八七六年制定的，在那之前的日本，人們更傾向早點讓孩子獨當一面。

例如，農家的男孩只要能背起六十公斤（米俵一俵）的米，就能與大人同進同出。另一方面，女孩獨立的條件則是一天能種植七畝（七百平方公尺）的地，能除去一反（約一千平方公尺）的草。儘管時代或地區多少有些差異，但大部分的青少年都是在二十歲以前就被承認是大人了。

更多逗知識　要將乳牙存入牙髓細胞銀行，必須先經過處理維持新鮮。以前掉落後留在家中的乳牙是不能存的。

181 平安時代以前，結婚不是娶媳而是招贅!?

在平安時代以前的日本，結婚大多是男方「入贅」到女方家，稱為「走婚」或「妻訪」，連結婚典禮都是在女方家舉辦。

後來出現了先在男方家辦完結婚儀式，接著女方回到娘家、持續走婚，日後才帶著孩子入住男方家的「足入婚」。直到戰國時代至江戶時代，女方嫁入男方家的「娶妻」型態才逐漸普及。

182 古時候看暖簾的顏色就能辨別行業

「暖簾」是日本獨特的文化，早在平安時代就已經出現。原本的目的是用來蔽日遮風。到了室町時代，商家紛紛用起獨家設計的暖簾，進而衍生出招牌的功能，讓人一目瞭然經營的是什麼行業。

自此，暖廉除了顏色多變，也因應各行各業誕生出許多規則。例如酒鋪及和服店會用藍色的暖簾，高級料亭則用柿色的暖簾，點心店與藥店則掛白色的暖簾。

更多逗知識　古時候還曾經有和服店，因為沒遵守業界行規挑選暖廉的顏色而遭到恥笑，最後連店都倒閉了。

183 武士睡覺是不翻身的!?

江戶時代的武士為了在入睡遭遇突襲後仍能拔刀，都會將慣用手朝下側躺，因此從小就被教導睡覺時不能翻身。

相傳江戶幕府最後的將軍德川慶喜，兒提時睡相非常差，枕頭兩側還得放剃刀來教育他睡有睡相。慶喜因此成功克服了糟糕的睡姿，但為了隨時保持警覺，當上將軍後，他依然維持著在剃刀旁入睡的習慣。

184 在江戶時代，公共浴池混浴是理所當然!?

江戶時代初期的公共浴池一般都是蒸氣浴，人們會在蒸氣中清洗、溫暖身體。男性穿一條兜襠褲，女性則綁著纏腰布一起入內。

後來出現了浸泡熱水的公共浴池並形成主流。但在江戶的城鎮，由於慢性缺水等問題，對公共浴池的經營者而言，將男湯與女湯分開在經濟上是有困難的，只能準備一個浴池，因此裸身的男女只好一起泡澡了。

更多逗知識 混浴禁令曾多次頒布，民間卻很難遵守。直到明治末期，男湯與女湯才開始普及。

185 公共浴池的老闆有八成來自北陸

目前在東京、大阪經營公共浴池的人，約有八成來自北陸。

因為江戶時代，北陸地區農家的次男與三男，喜歡挑每天都能領現金工資的公共浴池來賺錢。之後他們又找來親朋好友共事，而那些人也陸續自立門戶，因此北陸人經營的公共浴池就越來越多了。

最近還出現了用北陸相關事物重新裝潢，把壁畫描繪成北陸新幹線及立山連峰的公共浴池。

186 捉迷藏原本是大人的儀式

「捉迷藏」的源頭是中國古代於皇宮舉行的遊戲「迷藏」。在遼闊複雜的皇宮裡，有許多地方可以躲藏，連大人都能玩得盡興。

在日本，捉迷藏是由平安時代的遣唐僧眾帶回來的。當時這是一種儀式，熱戀情侶中的女子必須躲在假山後，由男子將她找出來，藉此確認彼此的情意。進入江戶時代以後，才成了孩童間的遊戲。

187 放風箏原本是放烏賊？

你知道新年代表性的遊戲——放風箏（凧あげ，音同「放章魚」），在古時候稱作放烏賊嗎？

平安時代以前自中國傳入的風箏，由於紙鬚垂落的模樣像極了烏賊，人們便將它稱為「烏賊旗」或「放烏賊」。

但江戶時代由於放烏賊太受歡迎、屢次發生意外，幕府便於一六五五年發出了禁令，對此不滿的人以「我們是在放章魚，不是放烏賊」的歪理狡辯後，放烏賊就成了放風箏了。

188 蓋房子時撒餅是為了避免忌妒!?

以前的人在蓋新房子的梁柱與屋頂時，會從屋頂上撒餅與錢，這個習俗稱為上棟式，但最近已經比較少見了。

上棟式源於「撒餅錢之儀」的祭神儀式，人們透過這個方法來供養土地神。相傳撿起餅來的人，就會將家中的災難帶走，具有除厄的含意。

那麼為什麼原本是祭神儀式的這個習俗會普及開來呢？據說是因為人們在建完房屋後，想避免附近居民忌妒，所以才會撒餅發錢。

更多逗知識　在不同地區，上棟式又稱為棟上式、建前、建舞等等。

189 中元節是自我贖罪的日子

中元節原指農曆七月十五日，與上元、下元合稱三元，是中國的傳統節慶之一。

其實中元節原本是自我贖罪的日子，人們習慣在這天於庭院裡焚燒落葉。但在古日本，中元節的儀式與盂蘭盆節的儀式是在同一時期舉辦的。於是相對於祭祀死者靈魂的盂蘭盆節，中元節就演變成慶祝生者的活動了。後來又衍生出帶土產拜訪友人家的習俗，並以「中元」來稱呼贈送的禮品。

190 婚宴前吃烏龍麵與麻糬的地區

結婚典禮在各地常有不同習俗，連飲食都會展現當地特色。例如在高知縣，婚宴吃的不是套餐而是合菜。在茨城縣與香川縣則是吃烏龍麵，象徵「長長久久不離不斷」。

岩手縣的氣仙地區也吃烏龍麵，但和其它地方不同的是，賓客一進會場烏龍麵就會立刻上桌，而且連豆沙糯米餅都會一起端上來。這個習俗稱為「壓驚」。因為讓客人空腹等太久不好意思，所以就先上兩道菜款待客人果腹。

191

宮參時要惹小寶寶哭!?

宮參就是在小寶寶出生滿一個月時，帶寶寶參拜守護當地的產土神，藉此感謝寶寶平安滿月並祈禱他健康成長。

每個地區的宮參習俗各有不同，其中最獨特的是參拜時，捏小寶寶的「臉頰」故意惹他哭。因為以前的人認為「產土神容易記住嚎啕大哭的嬰兒並保佑他」，且「在神社哇哇大哭的小嬰兒都能健康長大」。

192

某些地區會在葬禮上吃紅豆飯

紅豆飯是喜慶時享用的食物，但古時候其實很多地區都會在葬禮上吃紅豆飯。

因為古人認為葬禮象徵著啟程前往極樂世界，是值得慶祝的喜事。另外，當亡者超過八十歲，家屬也會為了慶祝長壽而煮紅豆飯。

除此以外，古人也相信紅色具有驅魔的力量，能逼退人死造成的不幸。

更多逗知識　目前在福井縣等部分地區，葬禮時仍會煮紅豆飯，見到可別嚇著了。

193

鞋子在玄關排好是為了打仗做準備!?

玄關的鞋子朝外擺放的習慣，最早來自於戰國時代武士之間風行的茶道。對生在亂世中的他們而言，不能持刀進入的茶室，無疑是個能賦予他們平靜安穩的空間。

但敵人不知何時會闖來。為了能立刻飛奔而出，武士們便把鞋子朝外擺放。

順帶一提，由於鞋子向外排整齊的模樣，像極了船隻從港口出海，因此鞋子朝外排好又叫「排出船」。

194

三指禮是簡略的禮法

提到三指禮，一般人大多以為這種將拇指、食指、中指抵在地板上深深低頭的跪拜禮，代表了最大的敬意。

然而，實際上這並非正式禮儀。正式的跪拜禮是雙手在膝前擺成八字型，手指與手掌完全貼合在地板上再低下頭。

但這麼一來打招呼的聲音就會變得含糊不清，於是日本人便自然而然創造出三指禮當作簡便的禮法了。

更多逗知識　由於三指禮是簡便的禮法，因此在茶道等正式場合，以及需要賠禮及道歉時，做了可是會失禮的。

195 雙手交疊在前不是正確的敬禮方式!?

日本人在敬禮時，為了看起來更恭敬，一般都會把手交疊在前。但雙手交疊，其實並不是日本代代相傳的正確禮法。

根據從室町時代流傳至今的傳統禮法「小笠原流禮法」，站立時雙手垂在身體兩側，敬禮時自然地貼在兩邊大腿上，才是正確的作法。如此一來敬禮的姿勢不但漂亮，也不會對身體造成負擔。雙手交疊在前是百貨公司的待客模式，漸漸地就越來越普及、一般化了。

196 免洗筷比一般使用的漆筷還高級!?

你知道用餐時拿的筷子也有分「等級」嗎？一般人可能會以為「價格越貴的筷子越高級」，其實重要的不是價格，而是材質。

最高級的是過年時使用的祝筷，別名柳筷，是用柳木做的。因為柳樹在春天最早發芽，因此人們認為持柳筷可以討個吉利。接著次一等的竟然是免洗筷。大家可能會很納悶，免洗筷不是拋棄式的嗎？為什麼高級呢？其實正因為用完就丟，所以每次都得使用乾淨的木料，材質也就比高價塗漆的筷子高一等了。

驚奇雜學測驗

日本的法律

Q 1

發現現行犯，可以立刻逮捕。

YES

NO

Q 2

對學校老師撒謊「我被某某同學毆打」會犯法。

YES

NO

Q 3

培育出複製人必須向國家報告。

YES　NO

Q 4

不能在月球或小行星上進行軍事演練。

YES　NO

Q 5

百元硬幣即便破損也能使用。

YES

NO

Q 6

打架時在一旁鼓譟會犯法。

YES

NO

Q 7

買五十元商品時可以全部用一塊錢付。

YES　NO

Q 8

收到寄錯的郵件時，正確的處理方式是直接投回郵筒。

YES

NO

Q 9

裝扮成警察是犯法的，但扮成自衛隊OK。

YES　NO

答案在➡ P124

答案

Q 1

YES

根據「刑事訴訟法」，唯獨現行犯是人人皆可逮捕的。但一般民眾逮捕後，必須立刻將犯人交給警察或檢察官。

Q 2

YES

根據「輕犯罪法」第一條，「將虛構的犯罪或災害告知公務員者」應處拘留或罰金。學校的老師是公務員，所以適用於這條法律。但私立學校的老師不是公務員，因此不在此限。

Q 3

NO

日本政府規定「與人相關之複製技術必須遵從相關法律」，且「任何人皆不得培育複製人」。違反者處十年以下徒刑或一千萬元以下罰金。

Q 4

YES

這是「國際太空法」之一，規定於太空條約第四條。月球及其它天體的使用須以和平目的為前提。

Q 5

NO

根據「貨幣損傷等取締法」，使貨幣穿孔（破損）、融化（融毀），處一年以下徒刑或二十萬以下罰金。

Q 6

YES

鬥毆時在一旁鼓譟者，即便沒有傷人，也需處一年以下徒刑或十萬元以下罰金。光是拍手叫好都是犯罪。

Q 7

NO

在「通貨單位及貨幣發行等相關條例」中，支付貨幣需以二十枚為上限。二十一枚以上時，若收受者接受就沒關係，若拒絕，支付者也不得抱怨。

Q 8

NO

光是投回郵筒是不行的，必須在郵件上寫下投遞錯誤等要旨，或者通知郵局，按「郵便法」來處理。

Q 9

NO

根據「輕犯罪法」，民眾不得裝扮成警察、消防員、自衛隊員。但若是一看就知道在扮裝的場合，例如變裝大會等，就是允許的。

第4章

誤會連連的日本飲食文化

197 日本人發明！切了也不會哭的洋蔥

切洋蔥會流淚，是因為洋蔥細胞被截斷、破壞，揮發出讓眼睛刺痛的催淚成分。

日本有間企業一直在研究如何令這種成分不揮發，那就是好侍食品株式會社。好侍歷時十年以上，終於培育出即便細胞被破壞、也不會釋放催淚成分的橢圓形洋蔥「微笑洋蔥」，由於洋蔥的辣味也來自該成份，因此微笑洋蔥生吃並不會辣。在網路及東京都內部分百貨商店都可限量買到。

198 西瓜不是水果而是蔬菜!?

負責日本飲食管理的農林水產省，將西瓜分類為蔬菜，稱之為「果實類蔬菜」。因為「水果」的定義是到結果前生長期間超過兩年，而西瓜只要一年就結果，屬於蔬菜。哈密瓜與草莓也同樣是蔬菜。相反的，一般人認為不是水果的栗子與梅子其實都是果樹。

但蔬菜的定義會依不同看法而異。農林水產省管轄的批發賣場雖然把西瓜當作蔬菜，但在蔬果店等攤商則是水果。兩邊都沒有錯。

更多逗知識　「水果番茄」指的並不是品種，而是將普通番茄培育、改良，提高甜度來銷售的番茄。換言之，番茄是百分之百的蔬菜。

199 地瓜是根、馬鈴薯是莖!?

在泥土中長大的薯類，根似乎都胖胖的，其實並不一定。像馬鈴薯就是鑽到地底的塊莖「地下莖」。

相對的，地瓜會生細細長長像鬍子的鬚，這個鬚就是根。馬鈴薯不會長鬚。靠是否長鬚，就能辨別是塊根還是塊莖了。

順帶一提，芋頭不長鬚，所以也是地下莖。山藥則同時具備了根與莖的性質。

200 黃色的香蕉禁止進口！

日本的進口水果超過半數以上都是香蕉。市售的香蕉有九成都是外國產。

說到香蕉當然是「黃色」的，但你知道根據植物防疫法，黃色的香蕉禁止進口嗎？因為黃色的香蕉、也就是成熟的香蕉，很有可能挾藏害蟲。允許進口的只有確定無害蟲的青澀香蕉。這些綠香蕉會在國內倉庫中催熟，轉黃後才運到店面去。

更多逗知識　香蕉樹並沒有樹幹。看起來像樹幹的是重疊好幾層的葉子，稱為偽莖。香蕉是草本植物的果實。

201 日本發明了能連皮吃的香蕉

香蕉是熱帶、亞熱帶氣候區的農作物。在日本，香蕉只栽種於沖繩縣與鹿兒島縣等溫暖地區，不過岡山縣卻有一戶農民，研發出了特別的栽培法來種植香蕉，並將之取名為「驚人香蕉」（もんげーばなな）。「もんげー」是岡山的方言，意思是「驚人」。

「驚人香蕉」是薄皮的品種，因為無農藥栽培，所以能連皮吃。味道還比一般香蕉香甜可口，因此廣受大眾喜愛。

202 甜的西瓜條紋比較深!?

西瓜皮上有黑黑的條紋，條紋的顏色越深，代表輸送營養的器官維管束越多越密集。所以條紋越深的西瓜，營養越充分，這也是農民分辨西瓜是否香甜可口的方法之一。西瓜成熟後蒂頭的周圍會微微凹陷，因此看蒂頭也是個好方法。

除此以外，也可以拍拍西瓜判斷熟了幾成。但若不是蔬果店老闆或農民，是很難光靠聲音辨別的。

203 安地斯哈密瓜是從冷笑話命名的

哈密瓜有各式各樣的種類，其中最具代表性的大眾化品種，就是安地斯哈密瓜了。由於「安地斯」與安地斯山脈同名，許多人都以為這是南美產的，其實是日本產，由株式會社SAKATA培育。

由於不易生病、容易栽培，價格又親民，這種「種得安心」、「賣得安心」、「買得安心」的「安心哈密瓜」（アンシンデスメロン），就成了名字的由來。又因為哈密瓜在吃的時候會挖掉芯（シン），所以把「シン」去除，就變成「安地斯哈密瓜」（アンデスメロン）了。

204 蘋果一整年都能保持新鮮是因為冬眠!?

蘋果的採收季節為秋天至冬天，但店裡一年四季都能擺出新鮮的蘋果。這是因為蘋果在採收後，會放到特別的冷藏庫中冬眠。

包含蘋果在內，水果在採收後都還活著、會呼吸，但這也會加速老化，使新鮮度下滑。因此果農便將蘋果放入二氧化碳濃度提升、氧氣降低到大氣十分之一的特殊冷藏庫中，使蘋果減少呼吸、陷入冬眠。這麼一來就能長期保持新鮮了。

205

你知道酸梅的種籽裡有神明嗎？

將酸梅的種籽剖開，會冒出一顆包著薄皮的白色「果仁」，那就是神明。

由於信徒遍佈全日本的學問之神「天神大人」菅原道真（➡P176）愛梅成癡，人們便將梅仁奉為天神，認為梅的種籽中寄寓著菅原道真的神靈。

因為是神明，梅仁自然具備了抑制疼痛、調整腸胃的藥效。但未成熟的梅子果仁含有在人體內會致毒的成分，這點則被人們畏為神靈的天譴。

206

冬瓜明明有個冬字，卻是夏天的蔬菜!?

冬瓜是日本人自古食用的蔬菜，甚至早在平安時代的書籍中就已出現。冬瓜的名字雖然有個「冬」字，卻是正統的夏季蔬菜，採收期主要為七月至八月。

那麼，為何要取如此容易混淆的名字呢？相傳這是因為冬瓜易於保存，「可以在夏天採收，放到冬天食用」，所以就用了「冬」字。順帶一提，冬瓜的成分有百分之九十五以上都是水，因此滋味清爽，很適合當盛夏的菜餚。它還具有能抑制脂肪吸收的皂素、鈣質、維生素C等，營養豐富。

更多逗知識

為了避免人們將住著神明的梅籽亂扔，祭祀天神大人的太宰府天滿宮設了一處「梅籽奉納所」，專門蒐集梅籽。

207

干瓢是很費工的食品

干瓢價格實惠，但在上菜前卻得經過多道手續。首先原物料扁蒲必須人工授粉，光是栽培就不容易。採收好的果實要*削成條，在太陽下曬兩天風乾。烹調前還要泡水、撒鹽搓揉再汆燙才能調味。

扁蒲的果實

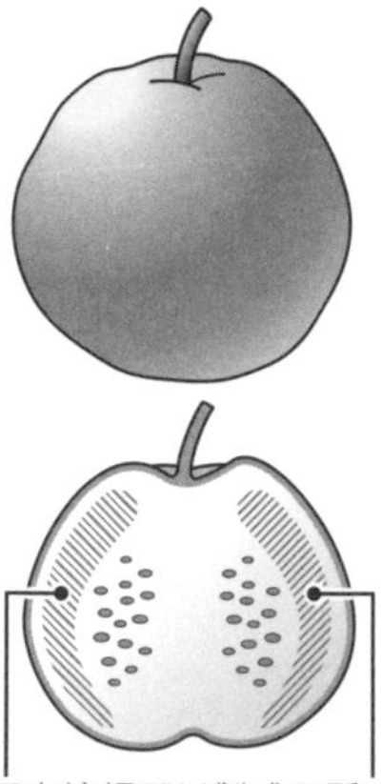

208

壽司其實不是日本發明的！

說到日本的代表性美食，非「壽司」莫屬了。但壽司其實不是日本發明的。

壽司原本是人們為了讓魚保存久一點而想出的料理，源自於將魚、飯、鹽拌在一起，使魚肉熟成（腐爛）的發酵食品「熟壽司」。這種烹調方式於很久以前誕生自東南亞，一般認為是與稻作一同傳入日本的。

現在滋賀縣的「鮒壽司」、和歌山縣的「熟壽司」等鄉土料理都還保留了這種形式。

＊透過專用的機器，像削蘋果皮一樣從外層開始一圈一圈地削成細細長長的帶狀。6至7公斤的扁蒲果實只能削下200克。

209 「鮨」與「壽司」的差別在於有沒有魚!?

壽司原本是發酵食品（⬇P131），因為酸酸的，所以稱為「酸し」，漢字則寫成「鮓」，意思是用醋醃漬過的魚。又因為壽司是用魚做的鮮美（旨い）料理，因此人們也用「鮨」這個字。至於「壽司」則是借用字，取自吉祥如意的「壽」以及司掌長壽的「司」，於江戶時代至幕末因吉利而為人所用。

從材料來看，若沒有用到魚（例如豆皮壽司），大多會寫成「壽司」，但這並沒有一定的規範。

210 壽司店不是餐飲業而是加工業!?

二次世界大戰後，日本面臨嚴重的糧食匱乏，政府便在一九四七年頒布了「餐飲業營運緊急措施令」，禁止餐廳營業。

為此所苦的江戶壽司師傅們，想出了「拿一合米來，交換十貫握壽司或四條壽司卷」的策略。換言之，壽司店不再是餐廳，而是以「米飯加工業者」的立場持續經營。

這個方式傳遍了全國，為握壽司的普及助了一臂之力。

211 天下以關原為界，稻荷壽司也是

關原之戰是結束戰國時代的轉捩點，人稱「天下分界之役」。以這場戰役發生的地點岐阜縣關原一帶為界，稻荷壽司（豆皮壽司）的造型分為三角形與四角形。東邊以米袋狀的稻荷壽司為主，西邊則多為三角形。至於裡頭包的餡料，東邊大多為醋飯，西邊則是什錦飯。

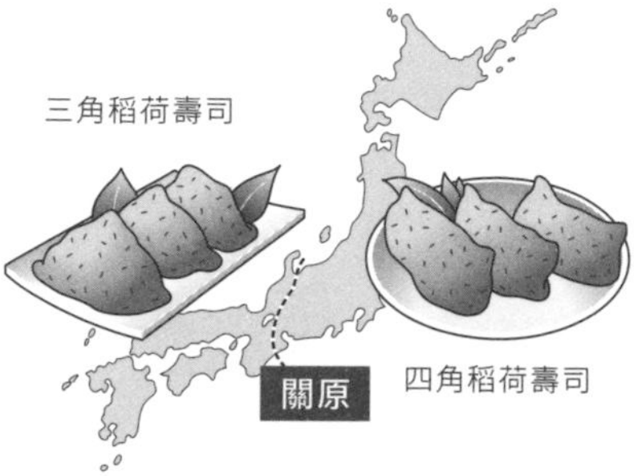

212 殺鰻魚的方法東西方也有別！

製作蒲燒鰻魚時殺鰻魚的方法也分東西，界線是鰻魚的盛產地靜岡縣。在濱名湖一帶以東，鰻魚是從背部剖開的，以西則是從腹部將刀子劃入。

有人認為，東邊之所以從背部剖開為主，是因為以前江戶有許多武士，把刀子從腹部劃開會讓人聯想到「切腹」。另一方面，在商人文化發達的關西地區，由於談生意必須「推心置腹」（腹を割って話をする），因此從腹部切開就成為主流了。

更多逗知識　在西邊，鰻魚蓋飯稱為饅蒸，由來是烤過之後用熱騰騰的飯（まんま）包起來蒸。東邊則是先蒸過後才烤。

213

魚市裡有賣好多禮服!?

禮服是女性在晚宴時穿的服裝，而魚市場裡也有賣禮服。但魚市場的禮服，指的是去掉頭、內臟、魚鰭後的魚。另外也有小禮服，指的是留下頭但去掉內臟與魚鰭的魚。在魚市場，禮服會冷凍起來，小禮服則會新鮮地擺出來。

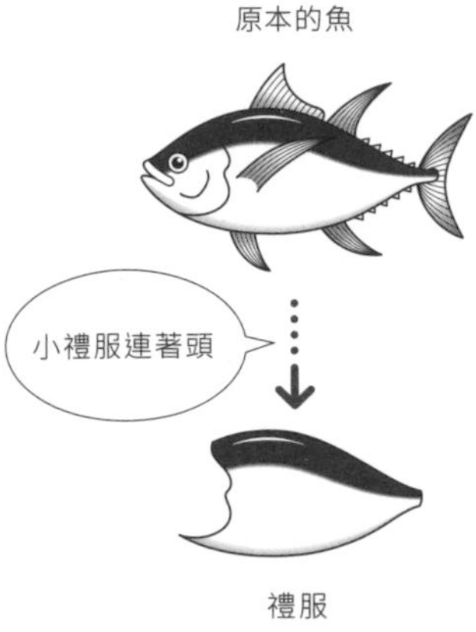

214

「魚貝類」的漢字是以訛傳訛？

「魚貝」這個字的正確寫法應該是「魚介」。「介」是*象形字，代表人戴著鎧甲。因此「魚介」這個漢字，除了魚以外，還包含戴盔甲的，也就是蝦子、貝類、螃蟹等甲殼類生物，後來演變成含烏賊與章魚在內、通稱所有海鮮的詞彙。

但越來越多人因為發音相同，把「介」的漢字寫成「貝」，不知不覺魚貝類的漢字也開始普遍了。現在兩者都能代指水產海鮮。

＊象形字就是從圖畫產生的文字。

215 有些地區的人吃冷凍魚

北海道有一種愛奴人代代相傳的魚類烹調法，叫作「路伊貝」，這在愛奴語是「冷凍食品」的意思。方法是將鮭魚或鱒魚冷凍保存，不解凍直接食用，因此又叫「冷凍生魚片」。

鮭魚及鱒魚直接生吃會有海獸胃線蟲等寄生蟲的危害，冷凍就能殺死牠們。另外，冷凍還能避免腐壞，能品嚐到魚肉原本的鮮甜，堪稱是凝結愛奴人智慧心血的料理。

216 超市裡買得到鱷魚生魚片!?

日本人沒有吃鱷魚肉的習慣，但在某些地區的超市卻能買到「生魚片用的鱷魚肉」。只不過，這指的並不是爬蟲類的鱷魚，而是鯊魚。由來是鯊魚在古文中寫為「和邇」（わに，與鱷魚同音）。

鯊魚不易腐敗，因此古人可以將鯊魚運到不靠海的深山區域。目前在廣島縣等山陰地區，鯊魚仍會以「和邇」的名字來販售。

順帶一提，在東京與大阪真的有能吃到爬蟲類鱷魚肉的餐廳，但數量稀少。

217 河豚以前沒有毒!?

河豚是名聞遐邇的高級食材，就連有毒也很有名。河豚的毒素大多存於肝臟或卵巢內，依據種類不同，有毒的部位也不一樣，因此烹調河豚需要執照。不過在最新的研究中，養殖的河豚是沒有毒的，因為河豚並非自行製造毒素，而是吸收攝食的貝類、海星所帶的毒素才產生毒性。

繩文時代的人也吃河豚，但當時的人應該不太可能像現在一樣有百分之百去毒的技術，因此也有人認為古代的河豚或許沒有毒。

218 蛋黃與蛋白顛倒的水煮蛋!?

蛋黃在外、蛋白在內的水煮蛋，稱為「黃金顛倒蛋」，曾出現於江戶時代的食譜*《萬寶料理祕密箱卵百珍》中。

京都女子大學的八田一教授，睽違兩百年成功令蛋黃翻到外層，並創造出了新的食譜作法。

①用透明膠帶把蛋纏起來。
②把①放入絲襪正中間固定好。
③抓住絲襪兩端甩圈圈，運用離心力使蛋不斷旋轉。
④把蛋從絲襪中取出、煮熟。

這樣黃金顛倒蛋就完成了。

*在《萬寶料理祕密箱卵百珍》中，顛倒蛋的作法如下：將剛產下的蛋用針穿孔，放在米糠醬裡醃漬，清洗後煮熟。

219 只有在日本才能吃雞蛋拌飯

「雞蛋拌飯」是日本常見的早餐，把生雞蛋打在飯上淋醬油就能開動。但這其實是在日本才能做的吃法。

在國外，不只蛋，連吃生魚的習慣也沒有。因此蛋都是以烹調煮熟後食用為目的來生產的。另一方面，日本人常吃生雞蛋，像是沾壽喜燒等等。因此為了讓民眾生食也安全，日本的雞蛋都是經過嚴格衛生管理的。順帶一提，雞蛋的保存期限指的是「蛋能生吃的期限」。

220 超市的鵪鶉蛋能孵出小鳥！

盒裝販售的蛋屬於*無精蛋，不可能孵出小鳥。但偶爾也會混入有精蛋，而且實際上也有人成功孵化出小鵪鶉。

這是因為鵪鶉以羽毛的形狀來分公母，判別非常困難，有時一不小心雄鵪鶉就會混入雌鵪鶉的小屋裡。也有人認為是以前生過有精卵的雌鳥體內還殘留著精子。不論哪一種，食用的鵪鶉蛋孵化的可能性都不超過1％，是非常罕見的。

＊無精蛋指的是沒授精的卵。一般超市賣的蛋都是無精蛋。

221 料理的「半殺」與「全殺」是什麼!?

這指的是把飯碾碎的方法。留下一半的飯粒稱為「半殺」，像麻糬一樣搗到全碎稱為「全殺」，是製作牡丹餅、烤米棒等米飯料理時的用語。有些地區也將蜜紅豆稱為「半殺」，豆沙稱為「全殺」。

以前有過這麼一則民間故事：有一名作客的旅人，聽到老公公與老婆婆在討論「那位客人半殺比較好」，卻不曉得是在指牡丹餅，以為「他們要殺我！」結果就擔驚受怕地度過了一夜。

222 米的命名規則 平假名與片假名不同？

米的名字前有些會像「コシヒカリ」（越光）、「ササニシキ」（笹錦）一樣寫片假名，有些則是寫「あきたこまち」（秋田小町）等平假名。其實由國家培育的新品種都會用片假名，由都道府縣獨立改良的品種則會用平假名來命名。

但這個規定在一九九一年廢除了。如今農民可以自行取名，名字有趣好記的品種也越來越多。例如青森縣的品種「晴天霹靂」。農民希望它像在青森的晴空下突然出現的「閃電」一樣，於是便這麼命名了。

＊晴天霹靂的意思是天空陽光普照卻突然打雷，令人嚇一跳，即「發生意想不到的事」。霹靂是雷電與雷聲的古語。

223 飯煮得少就不好吃

生米要煮得好吃，關鍵在於米的澱粉必須變得黏黏的像漿糊一樣，稱為糊化。只要糊化順利，生米就會變成香Q可口的白飯。若心想「肚子不餓」而只煮少量的米，米就會太快熟，導致糊化不成功而不好吃。

另外，在鍋中放入滿滿的米也會導致受熱不均勻。想要煮出一鍋香Q白米，建議控制在電鍋可煮上限的八分滿就好。

224 日本曾經缺米

日本很多食物都靠進口，但主食的米幾乎都是國產。然而過去卻也曾經缺米。一九九三年，日本迎來有史以來最冷的夏天，加上颱風侵襲，導致稻米的生產量低於消費量。原本日本政府為了保護農民，禁止稻米進口，但因為這次便開放進口了。

當時日本引進了許多泰國米（細細長長的秈米），但因為用日本的電鍋煮起來不好吃，所以還一度賣起了將泰國米與日本梗米混在一起的「綜合米」。

更多逗知識　泰國米不黏，做成西班牙燉飯或抓飯特別好吃。在亞洲料理專門店，店家都會以最合適的方式來烹調泰國米。

225 開心時吃「紅飯」，悲傷時吃「黑飯」!?

日本人在慶祝時會吃加了紅豆的「紅飯」；相反的，有些地區在葬禮等悲傷的時刻，會吃加了黑豆的「黑飯」。這在北海道一帶很常見，大部分都是加黑豆並撒上芝麻鹽。另外，這也叫作「白蒸」。

同樣稱為「白蒸」，有些地方不放黑豆，而是加入白豆。這是因為原本葬禮的顏色並不像現在一樣是黑色，而是白色的緣故。

226 奈良時代也有米麵粉

「米麵粉」是用米碾成的粉末。這種食材看似新穎，其實歷史相當悠久。

日本早在奈良時代就開始使用米麵粉。當時曾留下遣唐使將添加了麵粉及米麵粉的點心帶進日本的紀錄。之後米麵粉也持續運用於和菓子中。

到了最近，製作米麵粉的技術進步了，越來越多人用米麵粉取代麵粉，當作麵包、拉麵、天婦羅的材料。由於米麵粉能促進日本米的消費，還能避免小麥過敏，因此相當受到矚目。

227

伊達卷基本上都是向右捲！

自古以來，日本人就認為從左往右比較吉利。也有人說往右捲才能包住能量，往左捲能量會跑掉，因此像伊達卷（魚漿雞蛋卷）這類捲成漩渦狀的食物，往右捲就會比較好。

相傳一圈圈捲起來的伊達卷，是參考葡萄牙人傳入的點心「橙香蛋糕卷」（Torta de Laranja）的作法而來。同樣受到西方點心影響而誕生的，還有紅豆蛋糕卷。伊達卷與蛋糕卷在很久以前的祖先都是葡萄牙點心，彼此是近親。

228

櫻花麻糬的葉子是食材、槲葉麻糬的葉子是容器!?

櫻花麻糬的葉子是鹽漬過的，可以食用。鹽漬櫻花葉是菜餚與酒常見的材料。另一方面，槲葉麻糬的葉子具有殺菌效果，自古人們便用它包裹食材。

端午節吃槲葉麻糬，是因為「槲樹的葉子若不發新芽、老葉就不會掉」，具有多子多孫的含意，非常吉利。槲葉的作用在以前是代替碗，現在是增添香氣。就算想吃，也會因為葉子很硬根本嚼不動。

更多逗知識　在東京的櫻花麻糬創始店「長命寺櫻麻糬」，櫻花葉是增添香氣與預防乾燥用的。雖然能吃，但還是建議撕下來。

229 櫻花麻糬在東西截然不同！

東邊的櫻花麻糬，是用麵粉製、類似可麗餅的皮裹住紅豆餡，再用鹽漬櫻花葉捲起來。最早在江戶向島的長命寺前開始販售，使用隅田川沿岸的櫻花葉。

東邊的長命寺櫻餅

西邊的道明寺櫻餅

西邊的櫻花麻糬，則是用糯米製的道明寺粉做成的麻糬包紅豆，再用鹽漬櫻花葉捲起來。又稱「道明寺」。

230 傳說中幽靈買過的糖果！

戰國時代末期，京都六道珍皇寺附近的糖果店「港屋」，每晚都會有個女人來買糖果。某天，老闆偷偷跟在她後面，發現她的目的地竟然是墳墓裡，而且墓裡還傳來陣陣哭聲。老闆將棺材挖出打了開來，赫然發現有個小嬰兒在吃糖果。原來女幽靈是為了自己的寶寶來買糖果。

其實這個糖果，在超過四百五十年後的今天也有販售，名稱是「幽靈育兒糖」。順帶一提，據傳後來小嬰兒被佛寺的和尚收養，成了一名了不起的僧侶。

231

御手洗糰子關東是四顆、關西是五顆

御手洗糰子（みたらしだんご）的名稱，來自京都下鴨神社的「御手洗池」（みたらしいけ）。在關西，一根竹籤串的糰子大多是五顆，第一顆代表頭，剩下的是身體，以祈禱「*五體滿足」。關東剛開始賣時，糰子也是五顆，價格是「一顆一文、一串五文」，但江戶時代後半出了「四文錢」的貨幣，為了用一枚銅板來賣，大部分的小販便把糰子的數量減少為四顆了。

下鴨神社的御手洗糰子

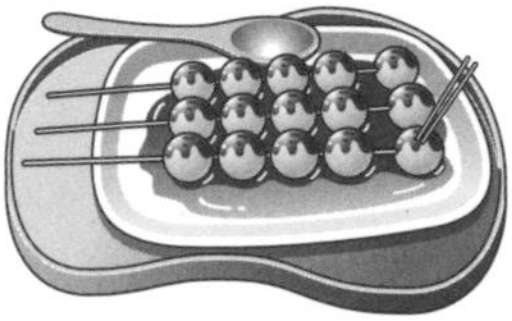

232

銅鑼燒是為了和尚發明的點心！

銅鑼燒是江戶時代，由京都佛寺的僧侶向和菓子店老闆拜託「請幫年輕的修行僧做點心」而誕生的。老闆為了「讓和尚在寺廟也能做」，便以佛寺的銅鑼樂器取代鐵板來烤點心。這種銅鑼燒是用好幾層薄麵皮將紅豆包起來的圓柱狀甜點，如今於京都的和菓子店仍能買到。

現在常見的、用圓盤造型的雞蛋糕將紅豆餡夾起來的銅鑼燒，則是誕生自江戶。因形狀像銅鑼而得名。

＊五體是指「頭、頸、胸、手、足」或「頭、雙手、雙腳」，五體滿足就是指頭腦聰明、四肢健全，沒有任何一處殘缺。

233

在歐洲煮和食味道會不太一樣!?

飲食文化與水有著密不可分的關聯。水分為軟水與硬水兩種，日本的自來水幾乎都是軟水。軟水滋味清甜，能引出高湯的鮮味，也能將米飯煮軟。

另一方面，歐洲的水則是味道較重的硬水，能緩和肉類的腥味，因此適合燉肉。

換言之，和食是因為使用軟水，才能烹調出細膩的味道。相反的西餐則是因為用硬水，才能將食材煮得那麼可口。

234

綠茶用吃的比喝的好!?

綠茶富含對健康有益的維生素C與具有抗菌效果的兒茶素。人們常說「喝綠茶不會感冒」，可見大家都知道綠茶有益健康，但有些營養是光靠喝攝取不到的。

綠茶葉還有維生素E、β-胡蘿蔔素、膳食纖維等不溶於水的營養素，因此比起喝茶，直接吃茶葉更具療效，建議大家可以試試看「吃茶」。像是茶葉嫩芽的天婦羅、茶葉的粗磨香鬆、在麵糊裡加入茶葉粉的蛋糕等等，吃法很多。

＊根據世界衛生組織（WHO）的規定，1公升的水中溶解的鎂與鈣若不達120毫克就是軟水，在120至180毫克則是硬水。

235 你知道甜酒有兩種嗎⁉

日本人在新年參拜（初詣）時喜歡喝甜酒。一般常說「甜酒不含酒精」，其實也有含酒精的甜酒。

甜酒依原料分為兩種。一種是用米麴製作的。方法是讓蒸過的米發酵，使用的是變甜的米飯澱粉，所以不含酒精。另一種是用酒粕製作的。由於原料是酒，所以含有少量的酒精。

若是小孩要喝，記得先確認是否含有酒精唷。

236 淋醋就能將秋刀魚烤得漂亮⁉

一到秋天，就會想吃鹽烤秋刀魚。一般家庭大多是用烤箱來烤魚，但皮很容易黏在烤盤上。這時只要將醋薄薄地塗在秋刀魚或烤盤上再烤，就不會有問題了。

皮之所以黏在烤盤上，是因為蛋白質遇熱後變化，與金屬產生反應。這種現象稱為「熱凝結」。醋能使蛋白質硬化，因此只要在熱凝結發生前先讓蛋白質與醋反應，皮就不會黏在烤盤上了。但醋若淋太多肉質就會變硬，所以要特別注意。

更多逗知識 與甜酒相似的「白酒」，是在味醂與燒酒中加入米麴做成的。酒精濃度約為9%上下。

237 香蕉泡熱水會變甜

將香蕉連皮浸泡在攝氏四十度至五十度的溫水裡五分鐘，從水中取出後在常溫下靜置約一小時。這樣香蕉雖然與泡溫水前一樣硬，外觀也相同，果肉的甜度卻會一口氣增加。

這是由香蕉中的澱粉脢酵素在攝氏五十度的環境下活性化所引發的現象。澱粉脢的功能是讓澱粉轉變為糖，換言之，活性化的澱粉脢能迅速將澱粉轉變成糖，使果肉變甜。但變黑的香蕉已經轉成糖了，因此不會產生改變。

238 蘋果放的位置決定了食材能長期保存或會被催熟

想要抑制馬鈴薯發芽，可以與蘋果放在一起保存。因為蘋果會釋放大量的植物荷爾蒙乙烯，具有抑制馬鈴薯發芽的功效。

但乙烯反過來，卻能催熟香蕉及酪梨。買回家的香蕉若還沒熟，與蘋果放在一起裝入塑膠袋中保存就能催熟，能盡快享用。

因此蘋果要擺哪裡，記得看看附近有哪些食材再決定。

更多逗知識　讓綠色的香蕉變黃催熟（➡P127），用的就是這裡提到的乙烯。

239 橘子與酸梅烤一烤會變成藥!?

「感冒時把橘子烤熟再吃」、「把酸梅烤過用熱水沖來喝，可以止瀉」是老祖宗的智慧。大正時代的書《黑燒療法五百種》也有紀錄這些秘方，並做為民俗療法代代相傳。

橘子不去皮直接烤，能讓外皮的營養滲透到果實中，提高營養價值。酸梅加熱會釋放促進血液循環的成份，因此能止住腹瀉。古人的智慧雖然尚有許多謎團，卻蘊藏著不可思議的力量。

240 撒了砂糖，芥末會更辣

芥末嗆鼻的辣味令人吃不消。但若因為太辣就撒砂糖，可就不得了了，因為這麼做只會變得更辣。

砂糖讓芥末更辣的理由有好幾種說法。有人認為砂糖讓芥末的苦味消失了，所以原本的辣就更明顯了。也有人認為是因為*滲透壓，導致細胞內的辛辣成分被大量釋放。另外也有人說這和「西瓜加鹽」一樣，是因為味覺的對比使得嗆辣的芥末一碰到甜甜的砂糖，辣度便提升。雖然原因並不清楚，但變辣是毋庸置疑的。

＊不同濃度的溶液碰在一起時，小分子的水會經由只有小分子能通過的半透膜，移動到另一邊，使彼此濃度相同。

241

美乃滋能讓天婦羅變酥脆！

在家裡炸天婦羅，容易軟趴趴的。其實有個秘訣，能像餐廳一樣炸出酥酥脆脆的麵衣。那就是用美乃滋代替雞蛋。

天婦羅的麵衣之所以不脆，是因為油炸時冒不出大量的氣泡，導致水分殘留在麵衣上。美乃滋的原料是蛋，水分含量卻比蛋少，再加上含有植物油，能讓麵衣的溫度更容易升高，使麵衣中的水分充分蒸發。這麼一來，就能炸出酥酥脆脆的麵衣了。

242

麻油是用芝麻做的，那沙拉油是用蔬菜做的!?

油的名字大多是用原料命名的，像是麻油、橄欖油等等。那沙拉油呢？

沙拉油的原料非常多，有油菜、棉籽、紅花、向日葵、玉米、米、花生等等，一般都是選其中一種來製作。「沙拉」這個名字指的不是原料，而是「可以淋在沙拉上的油」，是高品質油的代名詞。可用於醬汁，在寒冷的溫度下不會凝結、味道不重，也能生吃。

更多逗知識

醬油的漢字「醬油」，是用「稠稠的」、「有黏性」等特色來命名的，裡頭並不含油脂。

243 納豆附的黃芥末可以消除臭味

市售的納豆都會附黃芥末。這個黃芥末並不是用來調味的，而是消除氣味。

在冷藏保存技術尚不發達的時代，納豆放在常溫下會再次發酵，產生強烈的阿摩尼亞臭氣。為了消除這刺鼻的味道，納豆在販售時都會附上黃芥末。一直到冷藏技術發達的現在，人們依然保留當時的習慣添上黃芥末。

另外，黃芥末能提升納豆的風味，因此許多人也喜歡將它當作調味料。

244 醬油界竟然有品醬油師！

品酒師是運用豐富的知識，協助餐廳客人挑選紅酒的專家。如今不只品酒，還有品蔬菜師、品溫泉師，範疇越來越廣，就連醬油界都有品醬油師。

醬油大致分為「*濃口、薄口、溜、甘露、白」等五種，有些產地的種類甚至更豐富。

一名品醬油師，必須比較約兩千種醬油的口味，但這還僅僅是所有醬油的六分之一左右。醬油的世界真是奧妙。

*用大豆與小麥釀造，顏色深的的稱為濃口醬油，顏色淺的稱為薄口醬油。溜醬油的主原料是大豆，白醬油的主原料是小麥。甘露醬油則是二度釀造的醬油。

245

古時候吃生魚片是沾酒，不是沾醬油

醬油是日本飲食中不可或缺的調味料，普及於江戶時代。在醬油普及之前，人們習慣以「煎酒」這種用酒製作的調味料沾生魚片。

煎酒是在酒裡加入酸梅與柴魚片燉煮而成的，發明於室町時代末期。它的味道不像醬油那麼重，卻能消除魚肉的腥味，深受人們喜愛。現在也有專門製造調味料的業者，將它當作凝結日本人智慧的古早調味料來販售。

246

味噌的名字由來是「無法釀成醬油」!?

「醬」是從中國傳入的食品，將豆類加鹽醃漬、發酵而成，是醬油與味噌的祖先。在西元七〇一年制定的「大寶律令」中，曾出現過「未醬」（みしょう）一詞。一般認為「未醬」的發音就是「味醬」（みしょ）、「味噌」（みそ）命名的淵源。

這些沒有釀成「醬」的、也就是無法成為醬油的，就是味噌。

順帶一提，味噌的「噌」字，是日本土生土長、只有日本人才使用的和製漢字。

247 和食與日本料理的差別，在於是否包含在家常菜裡

二〇一三年，「和食」由*聯合國教科文組織登記為文化遺產，只要符合左表特色都算和食。

「日本料理」是相對於明治時代「西洋料理」所產生的用詞。人們大多將含家常菜在內的稱為和食，在餐廳才吃得到的高檔菜色稱為日本料理。

【和食的特色】

①	新鮮多樣的食材，尊重食材的原味。
②	營養均衡，能提供人民健康的飲食生活。
③	展現自然之美與季節遞嬗。
④	與新年等節慶密切相關。

248 只有日本用「維京」稱呼吃到飽

從豐富多樣的菜色中拿取自己喜歡的吃到飽，在日本稱為「維京」，這是日本獨創的名詞。

吃到飽發祥於北歐的斯堪地那維亞，當地人稱為「smörgåsbord」。一九五八年，東京的帝國飯店便以這個字為靈感，發明了維京一詞。

名稱是來自上映於當時、以北歐為故事背景的海盜電影《The Vikings》。海盜的豪邁與我們對北歐的飲食印象不謀而合，於是這個名稱便誕生了。

*聯合國教科文組織的全名是「聯合國教育、科學、文化組織」。以保護及傳承文化資產為目的，將具有價值的文化資產登記為「文化遺產」。

249 「造」與「刺身」是一樣的？

刺身（生魚片）起源於一種叫「膾」的魚肉塊。由於切過的魚肉很難辨別原本的品種，古人便將魚鰭插在肉身上當作標記，稱為「刺身」。之後又因為「刺穿身體」的講法令武士感到晦氣，便改稱「造身」（造り身），爾後又演變成「造」（お造り），但基本上都是相同的料理。

不過，最近也有人把比較費工、例如用昆布夾起來生魚片稱為「造」，將魚肉直接切片食用的稱為「刺身」來區別。

250 五目豆、五目壽司的「五目」是什麼？

五目這個詞代表什錦，來自於中國人「配合五臟（心、肝、脾、肺、腎）慎選食物搭配，藉由均衡飲食強健體魄」的健康觀念。

在中醫裡，人們也認為「食五色（紅黃綠白黑）能強身」，注意顏色來搭配食材，才能做出營養均衡的料理。其實五目豆也真的包含了五種顏色，分別是大豆（黃）、胡蘿蔔（紅）、牛蒡（黑）、昆布（綠）、蒟蒻（白）。

更多逗知識 刺身又稱為「向付」。由來是刺身在懷石料理等正式的宴席上，擺放的位置在用餐人的較遠處（對面）。

251 名古屋的台灣拉麵是台灣的名古屋拉麵!?

名古屋有一道名菜叫作「台灣拉麵」，麵裡加了用辣椒把肉燥與韭菜等蔬菜拌得辣辣的配料。由本店設於名古屋的台灣料理店「味仙」，以台灣担仔麵為基礎，於五十年前左右構思出來，是名副其實發祥自日本的料理。

其實這道台灣拉麵也有引進台灣，台灣人稱之為「名古屋拉麵」。畢竟是產自名古屋的，取這個名字並不奇怪，但還真容易混淆。

252 為什麼關東口味重、關西口味淡!?

關東口味重、關西口味淡。這個差異據說誕生於江戶幕府開啟的一六〇〇年代，但理由眾說紛紜。

有人認為在關西，許多商家都會收年輕的學徒（*丁稚奉公），為了不讓學徒吃太多，便把味道調淡。也有人認為當時江戶有許多從事粗重勞動的工匠與農民，所以比較愛吃重口味。也有人說是關東偏硬水，關西偏軟水（➡P144），因此關東用柴魚熬高湯，關西用昆布煮高湯，進而導致口味不同。

*指住進商人或工匠家工作的男孩。老闆會供應男孩食衣住，藉此取代應付的薪資。

253 用葉子當平底鍋做的料理

岐阜縣飛驒高山一帶有一種代代相傳的鄉土料理，叫作朴葉味噌。作法是將朴樹的大葉子當作平底鍋加熱，然後在葉子上放家庭自製的味噌、佐料與山菜烤來吃。

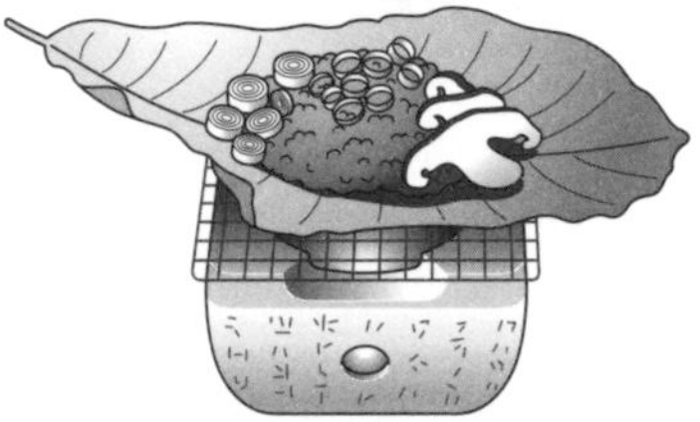

耐熱又具有殺菌作用的朴葉，自古就是人們包麻糬等食材的容器。有些地區還習慣將麻糬連朴葉包起來烤，讓香味轉移到麻糬上再開動。

254 古人會對茶下跪

江戶時代，有一種負責從京都的宇治運送＊將軍御用達茶葉到江戶的隊伍，稱為「茶壺道中」。

當裝茶葉的茶壺經過時，連大名都得從轎子上下來讓路。村民則必須打掃街道、做好準備，面向馬路的農田也都禁止做農務，相當嚴格。萬一在同一條路上碰到，就只能下跪等隊伍通過。

大家熟悉的童謠《滾啊滾不停》（ずいずいずっころばし）唱的就是這些遇到茶壺道中的村人。

＊將軍御用達是江戶時代，允許出入幕府與諸藩進獻商品的特殊商人。

255

花不只漂亮！連營養都很豐富!?

菊花與油菜花是日本人自古常吃的花，而最近連三色菫、撫子花等花店販賣的花都成了食用花，相當受到矚目。

花含有豐富的維生素、礦物質與膳食纖維，是營養價值極高的優秀食材。但觀賞用的花為了保鮮，都會施加農藥，可吃的只有無農藥（或低農藥）栽培的食用花而已。水仙、繡球花、彼岸花等原本就具有毒性的花，更是吃不得。

256

名字有「雷」的料理都很吵!?

「雷汁」指的是用麻油炒豆腐當配料的味噌湯，因烹調時豆腐的水分被麻油濺得劈啪作響而得名。除此之外，日本各地都有以「雷」命名的食物及料理。像是用燒燙的鍋子炒蒟蒻的「雷蒟蒻」，在烹調時也會發出雷鳴般的聲響。愛媛的名產醃蕪菁「雷漬」，則會在吃的時候發出啪靂啪靂聲。

不過，把瓜削成螺旋狀曬乾的「雷干」就不是因為聲音，而是因為外型像閃電，以及在雷較多的時期風乾而命名的。

更多逗知識　東京淺草的名產「雷粔籹」的由來是雷門，與氣象的雷無關。順帶一提，雷門的正式名稱是風雷神門。

257

像麻糬一樣的團狀蕎麥麵

平常吃的蕎麥麵是用蕎麥粉與麵粉（蕎麥麵粉）加水、擀薄後再切成的細麵條，稱為「蕎麥切」。相對的，在蕎麥粉中倒熱水攪拌，搓得圓圓的像麻糬一樣，則稱為「蕎麥搔」。長野縣等蕎麥盛產地的人都會吃蕎麥搔。由於不摻其它粉末，因此含有豐富的蕎麥仁營養素。

有人把蕎麥搔當下酒菜、沾蕎麥麵醬或醬油來吃，也有人配核桃、芝麻、砂糖與醬油調成的甜醬，當點心享用。在山形縣，人們將這種蕎麥麻糬稱為「搔餅」。

258

在日本，維也納香腸與法蘭克福香腸是以粗細來區分的

維也納香腸與法蘭克福香腸都是香腸的一種。在歐洲，香腸大多以地名來命名，像維也納香腸就是發祥自維也納，法蘭克福香腸則來自德國法蘭克福。

但在日本是以粗細來分類。維也納香腸指的是管徑未滿二十公釐的填充羊腸，法蘭克福香腸則是管徑二十公釐至三十五公釐的填充豬腸。不過這並不專指動物的腸子，用人工膜填充的也算。全世界只有日本用這種方法分類。

259 素麵與冷麵作法不同

根據*JAS法，冷麵的粗細（長徑）必須在一點三公釐以上、不滿一點七公釐，而素麵則不滿一點三公釐，因此區分的方法是「細的叫素麵，粗的叫冷麵」，但在古時候，兩者連作法都不同。

素麵是將麵團搓得細細的、製成麵條。而冷麵則是將麵團用擀麵棍擀開後以刀子切細，稱為「切麥」。將麵條放涼後食用叫「冷麵」，趁熱吃叫「熱麵」，但後來只有冷麵的名字流傳下來。

260 豆皮在京都是一層，在日光是兩層

豆漿加熱會凝結出薄膜，將這層膜撈起來就成了豆皮。這是隨佛教從中國傳入日本的，現在京都與栃木縣日光都是豆皮的盛產地。其實豆皮還會因為產地有些微的不同。

京都的豆皮漢字寫為「湯葉」，只撈一層（一片），像紙一樣薄。相對的，日光的豆皮則寫成「湯波」，撈兩層膜，比京都的湯葉厚。兩者之間多了一張紙的差距。

＊指日本農林的規格。由農林水產省制定，藉此區分具有一定品質與特色的產品。長徑就是橢圓形較長的兩端測出的長度。

261

絹豆腐不是用「絹」過濾的

木棉豆腐因為用棉布過濾而得名。但絹豆腐卻不是因為「用絹布過濾」才叫絹豆腐，而是因為它的口感比木棉豆腐軟嫩才有了這個名稱。

木棉豆腐的作法是在豆漿裡加入鹼水[*]，凝固後攪碎、壓出水分，然後再一次凝固，因此煮起來不容易散掉。絹豆腐是在比木棉豆腐更濃的豆漿裡加入鹼水凝結。適合沙拉、涼拌等直接生吃豆腐的調理方式。

262

蒟蒻結凍會變成肉!?

蒟蒻芋磨成泥，凝固後就成了蒟蒻。蒟蒻中百分之九十七都是水分，凍結後水分會流失，即便解凍也無法恢復原本的柔軟。它會變得像海綿一樣，口感則像肉。這種冰凍後去除水分的蒟蒻，稱為「凍蒟蒻」。

凍蒟蒻用冷凍庫也能製作，古早的製法，是在冬天將切成薄片的蒟蒻放到屋外淋水。夜晚結凍後再靠白天的日曬使水分蒸發，如此反覆一個月。在減肥時可以用來代替肉。

＊鹼水是從海水提煉鹽時產生的含大量礦物質的液體。因為很苦，所以在日文稱為苦汁。具「凝固作用」，能使豆腐凝結。

263 結凍的果汁會從甜的地方開始融化

果汁是由水、成分較濃的砂糖與濃縮果汁做成的。將果汁冷凍，水的部分會從攝氏零度開始結凍，以外的部分則必須低於零度才會凝結。融化則相反，糖分等水以外的成分會先融化。剛融化的果汁喝起來比平常還甜就是這個因素。如果太急著喝，最後就會只剩下淡而無味的水。

順帶一提，醬油必須到負三十度左右才會結凍（➡P240）。

264 風乾的食物營養會增加

風乾就是將蔬菜等食材曝曬在陽光下，利用大自然的力量使之乾燥。乾燥能延長保存期限，早自繩文時代開始就是人們常用的手法。

水分從食材中蒸散後，食材裡的成分會濃縮，鮮味也會增加，且因為照射過紫外線，成分也會產生改變，使營養價值提高。根據研究，香菇風乾後維生素D會增加，白蘿蔔及白菜則是鮮味成分胺基酸會變多。

風乾的日本乾貨由於營養豐富，相當受到外國的矚目。

265 正月不吃年糕的地區

新年正月的頭三天，一定少不了吃年糕，但有些地區在這段時間卻會刻意避免吃年糕。這個習俗稱為無年糕正月，在日本各地都有。

拒吃的原因大多與祖先的行為有關，例如「祖先是在年尾來到這塊土地上的，他們來不及做年糕，只能吃燉芋頭，為了緬懷當時的辛苦，我們也不吃年糕。」、「先人曾因為準備年糕引起火災，所以不吃。」也有地區認為前三天的餐點是要供奉給神明的，所以不吃年糕。

266 冬至要吃有「ん」的食物

人們相信過冬至後白晝越來越長，*運勢也會逐漸攀升（註：「運」的發音「うん」帶有「ん」），因此要多吃帶「ん」字的食物，以獲得好運。「冬至七種」就全部都有兩個「ん」，能帶來「運勢」（うんき）與「毅力」（こんき）。

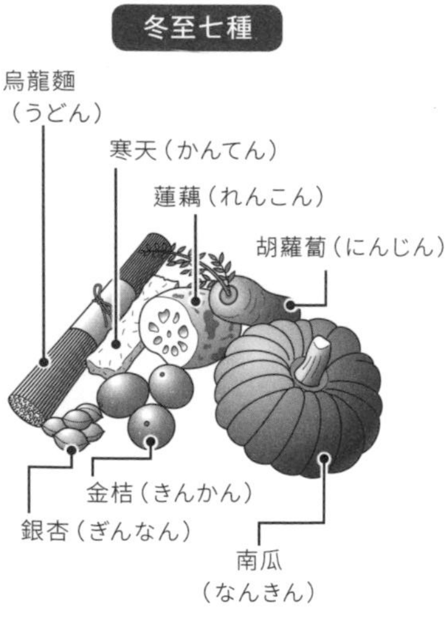

＊一年中日照最短的冬至，是太陽能量最衰弱的一天。隔天開始白晝就會拉長，因此人們認為太陽的力量增長，運勢也會上升。

267 月見糰子可以偷!?

日本人會在中秋節做月見糰子祭拜月亮，其實月見團子是可以讓小孩偷走的。這個習俗稱為「月見小偷」。人們認為小孩是月亮派來的使者，在十五號月圓這天，糰子被小孩偷走的人家，就會「大吉大利」、「農作豐收」，偷糰子的小孩自己也會「變成富翁」。

孩子們會持竹竿示威，把擺在窗邊的月見糰子搶走，又稱日本版萬聖節。現在除了糰子，有些地區的人也會準備點心給孩子帶走。

268 飯咖哩與咖哩飯不一樣!?

現在一般我們都說「咖哩飯」，但其實咖哩醬淋在飯上的稱為飯咖哩。而咖哩醬與飯各別上桌的才稱為咖哩飯。

飯咖哩這個名稱的由來，最有名的就是一八七六年札幌農業學校（現在的北海道大學）*克拉克博士的這番話：「日本的飲食太缺乏營養了，建議大家每隔一天就吃一頓『飯咖哩』。」咖哩飯這個名詞的起源雖不明，但有紀錄顯示人們曾將咖哩與飯分別端出稱為「咖哩與飯」。

＊留下「Boys, be ambitious！」（年輕人，要胸懷壯志！）名言的美國教育學家。人稱北海道開拓之父，是札幌農業學校的第一代教師。

269 蛋包飯源自於廚師的體貼

一九二五年，大阪的洋食館「北極星」有一位胃不好的熟客，總是點煎蛋與白飯。廚師見狀，想為他「弄點容易入口的東西」，便將炒過的洋蔥與蘑菇加進飯裡，用薄薄一層煎蛋包起來，取了「蛋包飯」這個名稱。

另有一說認為，在東京的「煉瓦亭」，忙得不可開交的廚房夥計曾為了單手吃飯，將飯與蛋混在一起做成*伙食。後來因為顧客的要求，這道伙食就成了菜單上的「蛋包飯」。兩者都是為吃的人著想而誕生的料理。

270 日本從飛鳥時代就有乳酪

一般認為乳酪用於西餐居多，其實日本人古時候也吃乳酪。飛鳥時代，牛奶與佛教一同傳入日本，用牛奶熬煮而成的「蘇（酥）」的食譜也一併傳入，這就是日本最早的乳酪。

七〇一年，日本設立了養育乳牛並採集牛奶的設施「乳戶」，七一八年還曾經留下天皇命令鄰近諸國進獻蘇的紀錄。

用現在的方式製作的乳酪，則是一八七五年於北海道的實驗農場「七重官園」首度煉製成功的。

＊餐廳為員工而非顧客所準備的餐點。

271 在古代竹輪就是「魚板」

魚板的始祖是平安時代一種將魚漿用木棒或竹棒插著烤來吃的食物。由於形狀像開在水邊的香蒲*花穗，因此又名「蒲穗子」。換言之，魚板最早的形狀其實是像現在的竹輪。

安土桃山時代，出現了將魚漿抹在木片上的魚板。在這成為魚板的主流後，為了區別，始祖魚板便改稱「蒲鉾」了。

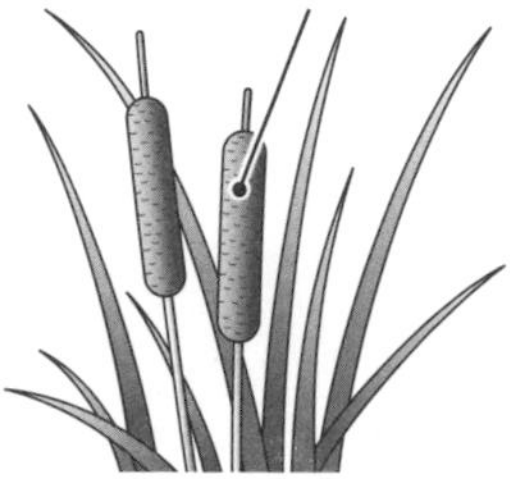

272 食物用木紙包會變好吃!?

木紙（經木）就是將木頭削得薄薄的像紙一樣。古人常用木紙來包飯糰或魚等食物。

現代人主要用保鮮膜或鋁箔紙包食材，但木紙的優點卻也重新引起人們的注意。木紙的的原料杉樹與松樹不但具有殺菌效果，還能通風，能讓食物保持在適當的濕度。

用來包飯糰，飯會鬆鬆軟軟的，海苔也不會黏手。用來包魚，能維持口味與新鮮度，還能消除腥味。現在仍有部分地區仍持續製造木紙。

4 飲食文化

＊像稻穗一樣開花的花，稱為花穗。芒草和麥子都屬於花穗。

驚奇雜學測驗

相似的食物哪裡不同

Q 1

哪邊是日本產最高級的牛肉？

Ⓐ 和牛
Ⓑ 國產牛

Q 2

哪邊是「生」雞蛋？

Ⓐ 卵　Ⓑ 玉子

Q 3

哪邊的卡路里較高？

Ⓐ 奶油
Ⓑ 乳瑪琳

Q 4

哪邊原本的形狀是三角形？

Ⓐ 御飯糰（おにぎり）
Ⓑ 結飯糰（おむすび）

Q 5

一杯咖啡與一杯紅茶，
哪邊咖啡因比較多？

Ⓐ 咖啡

Ⓑ 紅茶

Q 6

哪邊更冰？

Ⓐ 冰淇淋

Ⓑ 刨冰

Q 7

哪種不是黃綠色蔬菜？

Ⓐ 立葉萵苣

Ⓑ 結球萵苣

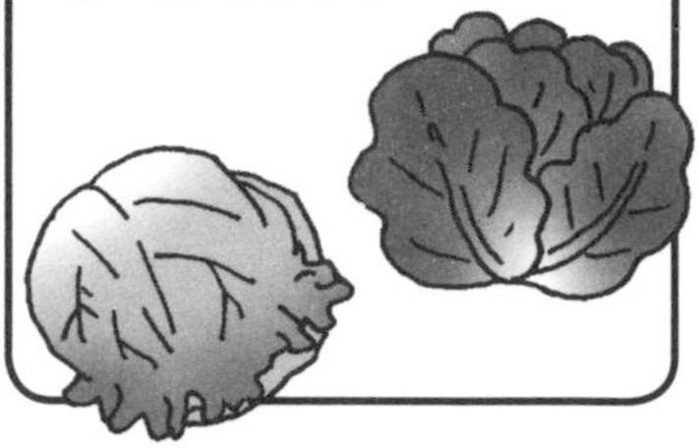

Q 8

哪種是烤完後才吃？

Ⓐ 燒肉

Ⓑ BBQ

Q 9

哪邊可以嚐到道地的口味？

Ⓐ 中國料理店

Ⓑ 中華料理店

答案在➡ P166

答案

Q 1

A 和牛

只有在日本土生土長、以日本原生種進行品種改良的四種牛（黑毛和牛、褐毛和牛、日本短角牛、無角和牛）及其混種牛，才算和牛。國產牛即便是外國品種，只要是在日本飼養的都算。

Q 2

A 卵

「卵」是生物學上使用的字，「玉子」則是指食材。也可以將剛生下的稱為「卵」，烹調過的稱為「玉子」來區別。

Q 3

B 乳瑪琳

奶油是動物性油脂，乳瑪琳是植物性油脂。感覺奶油的熱量好像比較高，其實10克奶油是75大卡，10克乳瑪琳則是76大卡，乳瑪琳稍高一點。

Q 4

B 結飯糰

「結飯糰」的起源是古人為了獲得神力、將飯捏成山的形狀。「御飯糰」則是從「握飯糰」而來，形狀不一。

Q 5

A 咖啡

紅茶茶葉的咖啡因含量比咖啡豆多。但一杯咖啡所使用的咖啡豆約為10克，咖啡因含量100毫克；一杯紅茶所需的茶葉約2克，咖啡因含量為30毫克。因此同樣以一杯計算，咖啡的咖啡因比較多。

Q 6

A 冰淇淋

冰淇淋的溫度為零下7度到零下30度，刨冰是零度。空氣及乳脂肪較多的冰淇淋熱傳導較慢，所以更冷。

Q 7

B 結球萵苣

普通的萵苣（結球萵苣）是淡色蔬菜。同是萵苣，立葉萵苣及皺葉萵苣就是黃綠色蔬菜。

Q 8

B BBQ

燒肉是邊烤邊吃。BBQ的正式吃法則是將肉與蔬菜全部烤過大家再一起享用。

Q 9

A 中國料理店

中華料理店是配合日本人的口味做出中國風菜色的店。想品嚐道地口味必須到中國料理店。

你知道嗎？

日本趣味統計

從日本人的統計平均值、排行榜、驚人紀錄，窺探日本的面貌！

小學生的生活型態統計

273 10到14歲的平均睡眠時間是……8小時35分

（2011年 總務省調查）

現代日本小學生有熬夜的傾向。根據日本運動振興中心的調查，男生約有74%、女生約有79%，早上醒來時覺得沒睡飽。

各年級的就寢時刻平均植

（2016年 學研教育綜合研究所調查）

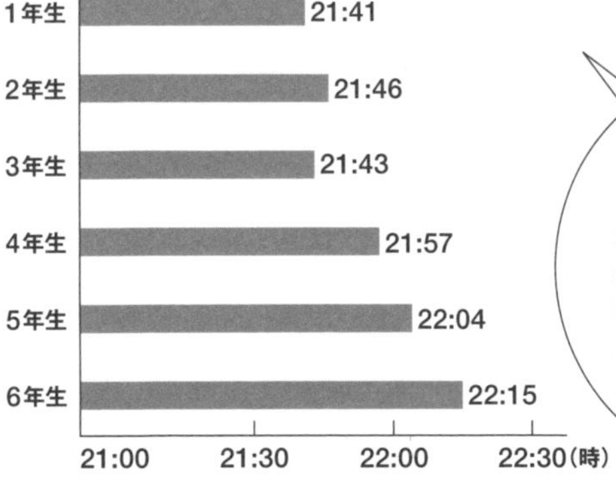

你知道嗎？

理想的睡眠時間為9至11小時

這是美國國立睡眠財團，根據6到13歲孩童研究的結果。睡眠不足不但會造成課業退步及免疫力下滑，還會導致肥胖。

274 學才藝的比例是……
81%

（2016年 博報堂育兒家庭研究所調查）

低年級為79.2%，中年級為85.5%，高年級為百分之78.2%。最受歡迎的是游泳教室，比例為31%，相等於每三人就有一人學游泳。到了高年級，升學補習班及教室比例則有升高的趨勢。

固定上的課外才藝

第1名	游泳教室
第2名	函授學校、宅配教材
第3名	鋼琴、音樂教室
第4名	珠算與自修班
第5名	棒球、足球等運動俱樂部
第6名	英語教室
第7名	其它

你知道嗎？

補才藝的費用
一個月超過一萬元！

小學生的課外教育費，平均一個月會花費13,867元。

（2017年 索尼生命保險株式會社調查）

275 幫忙做家事的頻率是……
每週一次以上67%

（2015年日本生活協同組合聯合會調查）

「每週一次以上」佔了六成半，「幾乎每天」與「每週三至四天」則是每4人就有1人。半數以上的孩子都會自動自發地幫忙。

你知道嗎？

幫忙的內容是……

1名｜餐後收碗
2名｜幫忙煮飯
3名｜照顧弟妹

你知道嗎？

幫忙後能拿到零用錢的比例是
19.1%
零用錢的平均金額每幫忙一次是
114円

277 持有傳統手機、智慧型手機的比例是……

60.2%

（2017年　Digital Arts調查）

2016年的調查為37.9%，僅僅一年便急速攀升到60%。原因應該是廉價智慧型手機的問世。

276 使用的通訊器材是……

電腦

（2016年 學研教育綜合研究所調查）

約六成小學生平日會使用通訊器材。使用率第一名是電腦，但智慧型手機的使用率年年攀升。

個人使用的通訊器材

第1名	電腦　28.5%
第2名	智慧型手機　20.3%
第3名	平板電腦　16.7%
第4名	行動電話（傳統手機／舊式手機）　13.8%

278 有零用錢的比例是……

約七成 （2015年金融廣告中央委員會調查）

國小生擁有零用錢的比例為：低年級生72.9%，中年級生73%，高年級生73.2%。

最常見的零用錢金額數目

一個月500～700円

零用錢的使用方法

第1名	買點心或果汁
第2名	買遊戲軟體或玩具
第3名	打電動（中低年級） 買漫畫（高年級）

你知道嗎？

約六成的孩子有自己的戶頭

中年級為39.4%、高年級為41.5%。連同「由父母管理」的孩子在內，約六成的小學生在銀行或郵局有自己的戶頭。

279 平均年齡最高的都道府縣是……

第1名	**秋田縣**（51.3歲）
第2名	高知縣（49.8歲）
第3名	島根縣（49.5歲）

（2015年 國勢調查）

日本全體國民的平均年齡為46.4歲。更進一步以市區町村單位來看，平均年齡最高的是群馬縣南牧村，為66歲。

281 日本最幸福的都道府縣是……

第1名	**福井縣**
第2名	東京都
第3名	富山縣

（2016年 日本綜合研究所調查）

這項調查是從健康、文化、工作、生活教育這五個領域來綜合判定的。福井縣在工作領與及教育領域都各是第一名。

你知道嗎？

日本的幸福度世界排名51

2017年聯合國公佈世界幸福度排榜中，日本是155個國家中的第51名。

280 最長壽的地區是……

男性 第1名	**長野縣北安曇郡松川村**
女性 第1名	**沖繩縣中頭郡北中城村**

（2010年厚生勞動省調查）

男性第一名是長野縣松川村，平均壽命為82.2歲；第二名是神奈川縣川崎市宮前區與橫濱市都筑區，82.1歲。女性第一名是沖繩縣北中城村，平均壽命89歲；第二名是島根縣鹿足郡吉賀町與北海道有珠郡壯瞥町，平均壽命88.4歲。

282 日本最有魅力的都道府縣是……

第1名	北海道
第2名	京都府
第3名	東京都

（2016年 品牌綜合研究所調查）

這是從知名度與印象等77個項目判定的魅力度排行榜。北海道連續八年為第一名。市區町村則是北海道函館市連續三年榮獲第一。

倒數三名是……

第45名	群馬縣
第46名	栃木縣
第47名	茨城縣

在幸福度排榜中，群馬是第15名、栃木是第21名、茨城是第26名，縣民的滿意度都偏高。

283 入城人數第一的城堡是……

第1名	姬路城
第2名	金澤城
第3名	大阪城

（2016年 攻城團調查）

姬路城的入城費1,000元（成人）是日本國內最高的，卻創下了日本城堡入城人數累計最高紀錄2,867,051人。

284 最想去的日本祭典是……

第1名	高圓寺阿波舞祭（東京）
第2名	青森睡魔祭（青森）
第3名	阿波舞祭（德島）
第4名	祇園祭（京都）
第5名	沖繩全島太鼓舞祭（沖繩）

（2015年 國勢調查）

「阿波舞」是擁有四百年歷史的德島鄉土舞蹈。祭典的規模以德島最盛大，但高圓寺阿波舞祭因為能在東京欣賞到道地的阿波舞，因此每年都很受歡迎。

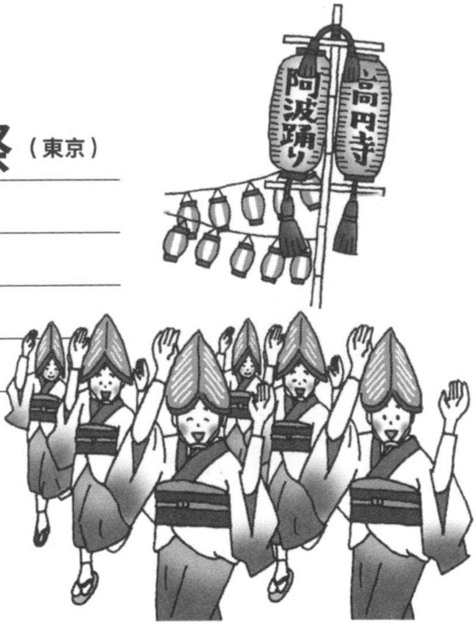

285 狗最多的都道府縣是……

第1名 **東京都**

第2名 神奈川縣

第3名 愛知縣

（2015年 厚生勞動省調查）

東京都的犬隻登記數為519,061隻。但犬隻飼養比例最高的是三重縣，因此三重縣是全日本最愛狗狗的縣。

286 睡眠時間最長的都道府縣是……

第1位 **秋田縣**
一天平均8小時02分

（2016年 總務省統計局調查）

第二名是青森縣、第三名是高知縣。平均睡眠時間最少的是神奈川縣7小時31分。全國平均睡眠時間為7小時42分。

287 身高最高的都道府縣是……

男性 第 名 **石川縣 滋賀縣**

女性 第 名 **千葉縣**

（2016年 學校保健統計調查）

以17歲的平均身高來看，石川縣與滋賀縣的男性為171.8公分，千葉縣的女性為158.5公分。而男女平均身高最低的都是沖繩縣，男性為169公分、女性為155.9公分。

288 排便順暢、便秘的都道府縣是……

順暢 第 名 **埼玉縣**

便秘 第 名 **富山縣 京都府**

（2014年 江崎固力果株式會社調查）

問「你便秘嗎？」富山線與京都府各40%的人回答「便秘」。順暢第一名是埼玉縣，便秘率只有21%。

你知道嗎？

茨城縣女性排便順暢，男性卻便秘!?

女性排便順暢、不易便秘第一名是茨城縣，但最會便秘的男性第一名也是茨城縣。一般來說女性容易便秘、男性容易順暢，但茨城縣的結果卻恰恰相反。

地方趣聞！
好玩的金氏
世界紀錄

289 2015年在埼玉縣達成

8小時4分39秒85
史上最快50公尺一千人水中接力紀錄

埼玉市的大宮游泳學校，挑戰50公尺一千人接力游泳的世界紀錄，結果比義大利創下的前紀錄快了超過30分鐘。

290 2016年在宮崎縣達成

2,067人
史上最多人連坐同一張椅子

這是慶祝宮崎縣小林市合併十週年所舉辦的活動。第一個人先坐在一張椅子上，下一個人再坐在他的膝蓋上……如此反覆下去，結果一共連坐了2,500名參加者。以這個姿勢撐住一分鐘的有2,067人，創下金氏世界紀錄。

292 2015年在神奈川縣達成

357組人馬
史上最多人的背人接力賽

這是紀念神奈川縣厚木市設立60週年所舉辦的挑戰。兩人一組背著人跑100公尺。共357組人馬花了5小時跑完大隊接力。

291 2017年在愛知縣達成

2,517人
同時拉炮

這項挑戰是在名古屋豐田株式會社創立60週年的紀念派對上舉行的。參加者一同拉炮，成功創下金氏世界紀錄。

294

(2011年於富山縣達成)

1,566人 全球人數最多的鬼捉人

這是由富山市的50名青年企劃的活動，想藉此透過年輕人的力量，為市鎮帶來朝氣。開場由五個人當鬼，等所有人都變成鬼，遊戲就結束了，共有1580人參加，約7分鐘告終。除去喪失資格者，一共創下了1566人的紀錄。

293

(2012年於山梨縣達成)

1,061人 史上最多名武士大集合

於山梨縣甲府市舉辦的信玄公祭最大的看點，就是挑戰世界紀錄的武士列隊。由市町村落的職員與地方企業員工扮武士，排成隊伍。

296

(2012年由日本與台灣達成)

史上最壯觀的兩人三腳 602人603腳

日本311大地震後，為了感謝台灣的支援，日本青年會議所東海企劃了這個活動。在台北市的公園，由602名日本與台灣的年輕人排成一列，以602人603腳跑完了50公尺。

295

(2014年於栃木縣達成)

全球第一長的BBQ 121.24 m

這串BBQ使用了106公斤栃木縣小山市的品牌牛「小山和牛」。由623位市民，在約120公尺長的烤網上，烤一整條牛肉串。

第5章

日本人真有趣！

驚天人物傳

297

菅原道真是因為作祟才成為學問之神!?

天滿宮祭祀的菅原道真，是日本的學問之神。他是平安時代的貴族，也是擅長寫文章與和歌的文豪，但他並不是因為這點而成為學問之神的。

道真仕途順遂，一路擔任到左大臣，卻中了忌妒他的右大臣藤原時平的算計，因莫須有的罪名被壓入太宰府，在此鬱鬱而終。道真過世後，時平莫名暴斃，天災不斷，朝廷害怕「這是死不瞑目的道真作祟」，便在太宰府與京都建造天滿宮，祭祀道真。

298

「紫式部」是世上最古老的筆名

紫式部是一位有名的歌人，同時也是世上最古老長篇小說《源氏物語》的作者。然而「紫式部」其實並不是本名，而是日本最早的筆名。

不過，一般認為紫式部不是她自己取的，而是過世後，後人給予的稱呼。在她侍奉一條天皇的妻子藤原彰子時，人們雖然也喚她紫式部，但那也不是本名，而是在宮廷為官的女性使用的名字。

紫式部真正的名字並未留在紀錄中，無人知曉。

299 鎌倉時代也有羅密歐與朱麗葉!?

《羅密歐與朱麗葉》講的是一對情侶捲入彼此家族紛爭的悲戀故事。其實在鎌倉時代，也有愛得如此轟轟烈烈的男女，那就是鎌倉幕府的初代將軍源賴朝，與他的妻子北條政子。

被流放到伊豆的賴朝，邂逅了當地望族北條時政之女政子。一邊是*流人，一邊是監視他的姑娘。兩人相愛，但遭到時政反對，簡直就是鎌倉版的羅密歐與朱麗葉。直到政子懷了賴朝的孩子，時政才准許兩人成親。丈夫死後，政子一肩扛起鎌倉幕府，人稱「尼將軍」。

300 離地上約十二公尺！真的有人從清水舞台跳下去

「清水舞台」位於京都的清水寺本堂，面向懸崖。日本人用「從清水舞台跳下去」來形容「破釜沈舟」，其實真的有人從那裡跳下去，而且高達兩百三十四人。原因是江戶時代，人們相傳從這裡跳下去就能實現願望，爾後便出現了禁止跳清水舞台的命令。

＊指因犯罪而被處刑、流放到島上的人。賴朝當時雖然是流人，生活卻相當自由，與母方的親戚及奶媽一同住在一起。

301 史上第一位登上外國郵票的日本人

一九五六年，世界和平會列出了「世界十大文化名人」。水墨畫家雪舟被選入十人之列，成為首次登上外國郵票的日本人。郵票上寫有雪舟的本名「TOYODA」（小田等楊），由蘇維埃聯邦與羅馬尼亞發行。

與雪舟同樣被選為「世界十大文化名人」的，還有音樂家莫札特、作家杜斯妥也夫斯基。這代表雪舟不但是活躍於室町時代的日本代表性水墨畫家，連在國際都備受世人稱譽。

302 靠抽籤從和尚當上將軍的人

室町時代的第六代將軍足利義教，人稱「抽籤將軍」。他是第三代將軍足利義滿的五男，曾經從繼承者候補中被剔除，進入寺廟當和尚。然而因為第五代將軍良量猝死、第四代將軍義持尚未決定下一任將軍的人選便病危，傷透腦筋的家臣們，便找來了義持的四名弟弟，決定用抽籤來決定將軍。而當選的就是義教。

義教還俗後留了長髮，開開心心當上將軍，留下了藉神佛權威行使獨裁霸權的將軍名號。

303 武田信玄愛用沖水馬桶

武田信玄在戰國武將中以驍勇善戰聞名。他嫻讀當時最先進大國中國的兵法《孫子》，擅長籌劃新的戰術與制度，是一名創造型武將。

信玄對廁所也有所堅持，甚至自行設計，利用澡堂剩餘的洗澡水沖洗排泄物。堪稱戰國時代版的沖水馬桶。

這種廁所有六張榻榻米大。相傳這為了在敵方攻來時也能迅速閃避，才刻意設計得那麼寬敞。另外，他也在廁所裡擺桌子，以便擬定戰略。

304 日本人也有中間名

外國人的姓氏種類較少，所以習慣取中間名來強調差異。例如約翰．費茲傑拉爾德．甘迺迪的費茲傑拉爾德，就是中間名。

日本人對中間名或許不太熟悉，但其實在明治時代以前，日本也有一種類似中間名、叫作「字」的通稱名。許多武將都有長長的全名，例如伊達政宗叫作伊達藤次郎政宗、德川家康叫作德川次郎三郎家康、織田信長叫作織田三郎平朝臣信長。

取通稱名的原因，是因為古人習慣避免直呼位高權重之人的本名。

305 頭盔前的裝飾是毛毛蟲的武將

對戰國時代的武將而言，頭盔不但是守護生命的防具，也是在戰場上展現威嚴、令自己更醒目的標誌。因此武將們對頭盔前的金屬飾品「前立」都會很講究。

其中最特別的，是侍奉伊達政宗的伊達成實毛毛蟲盔。因為毛毛蟲只會前進，意味著百戰百勝。

伊達成實的頭盔

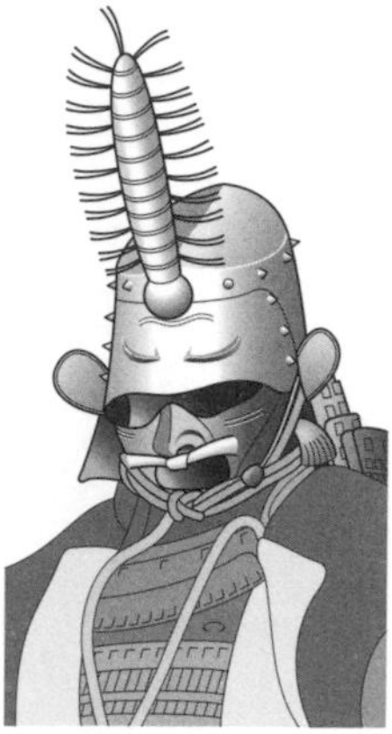

306 代夫出征!?守護城堡的武將之妻

戰國時代，武藏（現埼玉縣）日尾城的城主諏訪部定勝，是一名善戰、可靠的武將，但他卻酷愛飲酒。

一五六九年，定勝與賓客暢飲，醉得不省人事時，敵對的武田軍卻攻了過來。家臣們慌慌張張地要將他挖起來，定勝卻依舊呼呼大睡。他的妻子妙喜知道了，便扮成武士的模樣，隨家臣一同抗敵。之後，定勝痛定思痛，下定決心絕不再犯，總算把酒給戒了。

更多逗知識 戰國時代有許多造型獨特有趣的頭盔。像是用「愛」字裝飾的直江兼續、用菖蒲（しょうぶ）葉象徵勝負（しょうぶ）的豐臣秀吉等等。

307 圍棋預言了織田信長之死？

圍棋有一種局稱為三劫。指的是棋盤中同時有三處互不相讓、能沒完沒了的輪流取下對方棋子，是一種非常罕見的局。三劫又被視為不吉的前兆。

織田信長就是被三劫預言不吉之人。相傳在本能寺之變的前一夜，曾出現過三劫。那天，信長邀來圍棋名僧日海與利玄對弈。信長在旁觀戰，而棋局出現了三劫，最後以和局告終。在那之後數小時，信長便殞命了。

308 上杉謙信死在廁所裡

上杉謙信人稱軍神，直到現在仍是超人氣戰國武將。擁有無數英勇傳說的他，人生的最後竟然是倒在廁所裡，不禁令人感到有些淒涼。

一五七八年四月十五日，上杉謙信突然在廁所裡暈倒昏迷不醒，數日後便離世了。飲酒成性的上杉謙信，很有可能患有高血壓。因此一般認為血壓原本就高的謙信，應該是從溫暖的屋內進到寒冷的廁所時，血壓突然飆高引發腦中風而亡。

更多逗知識 在圍棋界有一種頭銜稱為「名人」。相傳這就是信長觀看日海對弈之局時，稱讚他「真名人也」而來。

309 豐臣秀吉是嚴厲龜毛的上司!?

豐臣秀吉給人的印象，不外乎性格開朗、廣結善緣，但他其實是一位對家臣非常嚴厲的上司。

秀吉的這一面，可以透過寫給家臣的三十三封書信得知。「動作快」、「怎麼還沒好」、「做不了就換人做」，即便在戰中，秀吉連木材的調度都會詳加指示。

但這名家臣，其實是秀吉的愛將脇坂安治。因此也有人認為秀吉之所以如此嚴厲地訓斥，是出於愛之深、責之切。

310 石田三成有腸躁症

腸躁症是一種腸子無異狀卻會持續便秘或下痢的疾病。在先進國家，原因大多為壓力。

有一名戰國武將，很有可能就是因腸躁症而打輸了重要的一役。那就是豐臣秀吉的家臣，石田三成。一六〇〇年，三成擔任關原之戰的西軍指揮，有一說認為其實從大戰前一天起，三成便腹瀉不止。雖然下痢並不一定就是敗因，但三成也有留下其它腹痛的軼事，加上他神經質的個性，因此極有可能患有腸躁症。

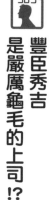

311 葛飾北齋的女兒也是天才畫師！

葛飾北齋是活躍於江戶時代的天才浮世繪師。而他的三女應為（本名阿榮）同樣也是浮世繪師，人稱「女北齋」。父親北齋曾讚賞過她的技巧「美人畫我不如她」。相傳北齋所畫的作品中，有些其實就是出自應為之手。

順帶一提，應為（おうい）這個有點怪的名字，據傳是因為父親北齋常「喂、喂」（おーい、おーい）地叫女兒才取的。天才繪師的命名品味大概也是天下第一吧？

312 史上最強力士只輸過十次！

活躍於江戶時代後期的雷電為右衛門，是一名身高一百九十七公分、體重一百七十公斤的壯漢。即便與現在的力士相比，體格也毫不輸人。據說他從小就力大無窮，還能舉起馬兒。

二十三歲時，雷電為右衛門首次參與相撲比賽，馬上就創下奪冠紀錄，之後更是百戰百勝、所向披靡。直到四十四歲退役為止，共奪冠二十八次，總成績兩百五十四勝十敗，實力驚人。堪稱史上最強力士的他，為何沒有當上橫綱，一直是個巨大的謎團。

更多逗知識 在圍棋界有一種頭銜稱為「名人」。相傳這就是信長觀看日海對弈之局時，稱讚他「真名人也」而來。

313 遇到暴風雨也要運橘子的能幹商人

江戶時代的紀州（現在的和歌山縣）曾有一年橘子豐收，卻因為天候惡劣、船隻無法運送，導致江戶的橘子價格飆漲。

有一位名叫紀伊國屋文左衛門的商人，看中了這點。他將半毀的船隻修好後，裝入滿滿的橘子，與船夫們一同航向江戶。所有人都認為這是在賭命，因此都換上了*殮衣，看起來怪里怪氣的。費盡一番千辛萬苦後，一行人終於抵達江戶，橘子高價售出，文左衛門也成為大富翁了。

314 德川秀忠是日本最早發出禁煙令的人

德川家康之子、二代將軍秀忠，曾頒發過禁煙令。江戶時代，百姓間吸煙的陋習越來越普遍，但頒發禁煙令並不是為了健康。

因為當時菸草價格昂貴，栽培菸草的農民增加，導致米的生產量衰退。而菸草的火苗令祝融頻傳，也是原因之一。

但癮君子還是越來越多就是了。

＊殮衣是將死之人所穿的服飾。白色的和服搭配手套、襪子，全身都是白色的，又稱白裝束。

315 二十名家臣相繼切腹!? 超有魅力的武將領袖

將自己的肚子剖開、自殺，稱為切腹。在武士社會中，當君主戰敗殞命，家臣就得切腹追隨而去。但在戰國時代，切腹的例子其實沒有那麼多，直到江戶時代以後，才成為一種風氣。

通常，切腹的家臣數目都是一到兩人，但卻有一名君主，讓二十名家臣為他切腹，那就是伊達政宗。而且政宗並不是戰死，而是在六十九歲病逝。儘管如此，家臣仍然追隨他而去，可見他多麼受到家臣仰慕。

316 為日本商業帶來革命的三井高利

三井財團的祖先三井高利，是江戶時代知名的成功商人。他經營和服店「越後屋」（現在的三越伊勢丹），以許多劃時代的方法令店面生意興隆。

其中之一就是「現金交易不二價」（現金掛け値なし）。所謂「掛け値」，就是預先想好討價還價的空間，將售價設得比實際價格更高。當時的商人會視客人講價的情況決定售價，再讓顧客賒帳，因此售價總是居高不下，而越後屋取消了討價還價，以定價販售讓客人現金支付。如今習以為常的定價制，可說是高利全球首創的。

317

開除五十名大奧女官！德川吉宗的節約法!?

第八代將軍德川吉宗，以拯救幕府的財務危機進行各種改革而聞名。其中之一就是大幅減少在*大奧工作的女官。

某日，吉宗下令從大奧的女官中選出五十位美女。家臣以為將軍要選側室而擬出名冊，不料吉宗卻說「讓她們統統返鄉」將所有人都開除了。被炒魷魚的女官們雖然抗議，但吉宗卻認為「美女不愁嫁不了人」，吃了秤砣鐵了心。

318

近藤勇選妻的條件是!?

活躍於幕末的新選組領袖近藤勇一直沒有娶妻，直到與松井常相親才決定結婚。

常是武士之女，家世良好，也是一名才女，但長得並不美，臉上甚至有痘疤。而且相親時已經二十四歲，在江戶時代，這是非常晚婚的年紀。

但近藤勇還是決定娶她為妻，原因是「長得太美會讓劍道場的男人們毛毛躁躁、多生事端」。

＊大奧是江戶時代江戶城中只有女子居住的區域。將軍的妻子、側室以及侍奉她們的女官都住在這裡。

319 俳人松尾芭蕉原本是廚師？

松尾芭蕉是日本知名的俳人，也是「閑靜古池旁，青蛙躍進池中央，噗通一聲響。」的作者。但他在成為俳人之前的經歷，卻鮮少為人所知。芭蕉年輕時侍奉伊賀國（現三重縣北西部）藤堂藩的藤堂新七郎家。當時他的職位是「御台所御用人」（廚房總管），所以一般推測他做的可能是與料理相關的工作。

順帶一提，芭蕉還有另一個趣聞。由於他出身自伊賀，又在四十六歲寫下《奧之細道》時，於東北、北陸一連走了一百五十天，約兩千四百公里，因此也有人認為他其實是「忍者」。

320 用尼加拉瀑布水泡茶的人

小野善右衛門（通稱名，本名為田和匀貞）自江戶時代至明治時代，便在與三井（➡P185）齊名的京都富商小野家工作，後來成立了自己的公司。他創立的大公司連當時的政府都得禮讓三分，日後成了一名富翁。

善右衛門在超過七十歲，到北美旅行時，因尼加拉瓜瀑布的美景而感動，便以從日本帶來的茶具盛裝瀑布水泡茶飲用。連好奇圍觀的外國人都分到了茶水。這件趣聞還登上了日本的報紙。

321 遠山金四郎患有痔瘡！

時代劇中大名鼎鼎的遠山金先生（遠山金四郎），相當於現在的警察署長或法官，是將軍也得禮讓三分的大人物。在故事裡，他被描述成懲奸除惡的大英雄，而本人其實患有痔瘡。

在金四郎寫給幕府的信件中，曾提到「進城時我屁股會疼，所以不能騎馬，只能坐轎子。」當時能坐轎子的只有身分高貴的少部分人。金四郎因為痔瘡，便獲得了坐轎子的特別許可。

322 江戶時代的「慵懶可愛風」繪師

表情充滿張力的浮世繪，是江戶時代繪畫的主流。有一名繪師，走的卻是可愛風，總是為人物畫上圓滾滾的眼睛與直線條的嘴巴。那就是耳鳥齋。

他雖然拜入家喻戶曉的狩野派繪師門下，所學完全沒有展現在畫風上。但他的畫卻非常受到江戶百姓的喜愛。

畫本水與空·上／國立國會圖書館

323 拜天狗為師的超能力少年!?

江戶時代後期的日本古典學家平田篤胤，曾寫過一本名叫《仙境異聞》的書。書中記述了他從拜入天狗門下修行的少年寅吉處聽來的異界奇譚。

寅吉七歲那年在路上偶然撞見一名老人縮進小小的壺裡，老人便決定帶他一起上山。他在山上度過了一段修行的日子，習得了不可思議的能力——例如能找到消失的東西、能預知是否會受傷，令身邊的人都訝異非常。但一到二十歲，寅吉的能力便消失了。

324 企圖靠黑船偷渡的日本人

吉田松陰在松下村塾授課，培育出了許多明治維新的領袖，例如高山晉作、伊藤博文等等。一八五四年，培理率領的黑船來到日本，當時的松陰年僅二十三歲，他心想「這是個去國外的機會」，便與兩名弟子划著小舟，偷偷上了黑船。

結果雖然被趕了回來，但目睹這件事情的培理，反倒在航海日記裡寫下「寧可違背國家嚴苛的法律、賭上性命也要學習知識，我對這兩位（松陰及弟子金子重之輔）日本知識份子很感興趣。」

更多逗知識　其實這是吉田松陰第二次企圖偷渡外國船隻。他曾經擬定計畫，想搭上來長崎的俄羅斯船，但當時船隻早已出航了。

325 創造三聲萬歲的人是？

高舉雙手呼喊三聲「萬歲」，稱為「萬歲三唱」。第一次出現萬歲三唱，是在一八八九年日本政府頒布大日本帝國憲法時。為了在明治天皇進入頒布新憲法的場地時，讓民眾齊聲慶祝，政府便鼓勵民眾朝隊伍連喊三聲「萬歲」，這就是萬歲三唱的起源。

想出這個點子的是帝國大學博士和田垣謙三。其實原本應該要喊「萬歲、萬歲、萬萬歲」，但因為聲音太大，把天皇搭乘的馬匹都嚇得停了下來，因此第二次以後萬歲聲就變小了。

326 小說家江戶川亂步的筆名

推理小說家江戶川亂步，以《少年偵探團》系列與《怪人二十面相》系列聞名。這個獨特名字自然是筆名，本名為平井太郎。出版處女作時，他以自己崇拜的美國小說家——埃德加・愛倫・坡（Edgar Allan Poe、エドガー・アラン・ポー）為諧音，取了江戶川亂步（えどがわらんぽ）。

也有其他作家決定筆名的方式很有趣。像是以歷史小說聞名的司馬遼太郎，就是取自對司馬遷「遼不可及」的意思。《浮雲》的作者二葉亭四迷（ふたばていしめい），則是取自「你怎麼不去死」（くたばってしめえ）這句髒話。

＊司馬遷是在西元前古中國撰寫史書《史記》的歷史學家。

327

為得到芥川賞 千拜託萬拜託的小說家

作家太宰治以《人間失格》、《跑吧梅洛斯》等作品聞名。他在第一屆芥川文學賞僅居次席，但他無論如何都想獲獎，因此寫了好幾次信給評選委員。

信件內容頗為一廂情願，例如「希望你們能將第二屆芥川賞頒給我……（中略）千萬不要忘了我，別讓我成為遺珠之憾。」但他還是落選了，因此借酒消愁、消沉頹廢。太宰治在三十九歲的生涯中，曾經多次獲得文學獎，卻始終沒有拿下芥川賞。

328

精通十國語言!? 人稱活百科的學者

生物學家南方熊楠，曾多次在外國知名科學雜誌《Nature》上發表論文。他從小就熱愛讀書且過目不忘，甚至把在朋友家看過的一百本書內容全部背下，回家後寫成筆記，還能流暢地閱讀數十種外語書。

他總是蹺課，三天兩頭不回家、待在深山裡閒晃，身邊的人都叫他天狗。他雖是怪人，才華卻深受昭和天皇、孫文等眾多名人讚賞。

329 川端康成寫過狗狗飼養書

川端康成是史上第一位榮獲諾貝爾文學獎的日本人。留下《伊豆的舞孃》、《雪國》等眾多名著的他，其實還寫過一本令人意想不到的書，那就是《愛犬家心得》散文集。如同書名，這是一本教人如何養育狗狗的書，例如不得放養、不能因為一時心血來潮就買狗或收養狗等等，寫的都是到現在也完全通用的知識。

他自己也養了剛毛獵狐梗犬、格雷伊獵犬等品種狗，還愛到為牠們寫小說呢。

330 被外國郵票寫錯名字的首相

日本人曾多次成為國外發行郵票中的模特兒。像是野口英世、小泉純一郎、安東尼豬木等等，許多日本人都曾在郵票上亮相。

其中，非洲的甘比亞共和國，曾將第六十一至六十三任內閣總理大臣佐藤榮作，選為表揚諾貝爾和平獎獲獎人紀念郵票的模特兒。然而仔細看郵票上的名字，印的卻是「BisakuSato」。榮作的發音「Eisaku」的「E」被誤植成「B」，說不定還有人會以為這是演員佐藤B作呢。

331 漫畫之神手塚治虫原本是醫生

手塚治虫人稱漫畫之神，曾留下《原子小金剛》、《森林大帝》等多部名作。戰時他在工廠工作，還曾將自己的漫畫貼在廁所牆壁上供朋友欣賞。如此打從心底熱愛漫畫的治虫，在戰爭結束後拚命唸書，考到了醫師執照。

考取醫師執照時，他已經是一名出道的職業漫畫家了，所以並未以醫師的身份行醫。但他的專業知識，卻幫助他創造了《怪醫黑傑克》等醫療漫畫。

332 卓別林的秘書是日本人

查爾斯·卓別林是美國的喜劇演員，以小鬍子著稱。而他的司機兼秘書，竟然是一名叫高野虎一的日本人。虎一在十幾歲時移民美國，擔任卓別林的司機、秘書、經理等各式各樣的職位。

卓別林受他認真敬業的態度感動，接二連三僱用了日本人，有段時期家中的幫傭甚至全是日本人。

兩人情誼深厚，虎一的孩子誕生時，卓別林還當了孩子的教父，虎一則在他身旁工作了十八年。

333

為愛犬取特殊名字的知名首相!?

一九五一年，日本與美國為首的四十八國締結了舊金山和平條約。這是為終結二次世界大戰所簽的和平條約，由於在美國的舊金山市簽名，便以舊金山來命名。

日本由吉田茂首相出席。為了紀念他盼望已久的這份條約，他還帶了兩條凱恩梗犬回國。

他為公狗取名為「舊」、母狗取名為「金」，兩條狗狗生的小寶寶則取名為「山」，非常疼愛牠們。

334

人工海蜇皮失敗才有了蟹肉棒!?

蟹肉棒（螃蟹口味的魚漿）與泡麵、咖哩塊並列，合稱戰後食品三大發明。

Sugiyo第三代社長杉野芳人於一九七二年推出蟹肉棒，甫上市便大受歡迎。不論口味或外觀，蟹肉棒都與螃蟹一模一樣，裡頭卻不含螃蟹，這對當時的人而言是很大的衝擊。

其實蟹肉棒是杉野製造人工海蜇皮失敗後的產物。他發現失敗的海蜇皮口感很像螃蟹，於是人工蟹肉（蟹肉棒）便誕生了。

更多逗知識

蟹肉棒的起源眾說紛云。有人認為是廣島市西區漁師町的大崎水產發明的，也有人認為水產業大亨MARUHA才是創始店。

335 發明罐裝咖啡自動販賣機的人

發明罐裝咖啡自動販賣機的人，是飲料公司Pokka Corporation的社長谷田利景。他在一個出乎意料的地方，想出了這個點子。

那就是高速公路的休息站。撞見想買咖啡提神、卻因為店面大排長龍而買不到的司機們，谷田靈機一動，有了「把咖啡裝進罐頭裡賣，一定很方便」的想法，更劃時代的是用自動販賣機來賣。自此，全球第一台能同時買熱咖啡與冰咖啡的自動販賣機便問世了。

336 連續十年住在旅館的電影評論家

電影評論家淀川長治因為招牌台詞「那麼大家再見了。再見、再見、再見。」成了家喻戶曉的名人。

他因為沒有家累、覺得住旅館比較方便，便在當時上通告的電視台附近的旅館持續住了十年。房間裡還有堆積成山的電影書與資料。

身體健康惡化後，他搬進了同一間旅館的大套房裡。為什麼要搬呢？據說是因為他想在旅館房間裡擺自己葬禮上要用的棺材。

更多逗知識　日本最古老的自動販賣機是「自動投遞郵票明信片販賣機」。不但可以購買郵票與明信片，還具有信箱的功能，但並未實用化。

337 曾有小嬰兒得過流行語大賞特別獎

流行語大賞是從當年流行的詞彙裡，選出大眾最愛的詞加以表揚的獎項。過去「平成」這個字得到流行語大賞時，曾有一位令人意想不到人物成為得獎者。那就是一九八九年一月八日，在年號從昭和轉為平成那年，第一個出生的嬰兒石田成之小弟弟。

他出生於平成元年一月八日零時零分十秒，因為在新時代拉開序幕的一刻獲得新生命，而成為得獎者。

338 世界盃的哨子是日本人發明的

世界盃是足球界的國際盛事。而裁判使用的哨子，實際上是日本的小型鄉下工廠的社長研發的。

這個人，就是東京都葛飾區的哨子製造販售商，野田鶴聲社的野田員弘社長。野田社長運用製造口琴的經驗，針對口哨內的軟木與吹口下了一番功夫，成功做出不破音、不漏氣的口哨。結果不但一九八二年西班牙世界盃以後的每一屆都使用，越來越多國際賽事也都陸續採用他的哨子。但因為後繼者培育困難，現在已經不再生產了。

339

日本最高齡的醫師竟然有一百零五歲！

日野原重明醫師是一位直到高齡一百零五歲，仍在為民眾看病的醫師。這位出生於一九一一年十月四日，誕生於明治末期的老醫生，有著非常驚人的經歷。

他在國外學習了最先進的醫療，是將美國醫學導入日本的第一人，也是最早使用「生活習慣病」一詞的人。他的行事曆密密麻麻地排滿了未來十年，目標是到一百一十歲都要當醫師，每天都會做深蹲與伏地挺身。遺憾的是他已於二〇一七年七月去世，一生從未退休。

340

從跨下看的研究得了諾貝爾獎!?

這指的是搞笑諾貝爾獎，也就是頒給古怪有趣研究的幽默版諾貝爾獎。

於二〇一六年榮獲這個獎項的日本人，是東山篤規教授與足立浩平教授。他們發表了將身體往前彎、從跨下看出去，東西看起來會比實際小的「跨下窺視現象」。兩人請九十人從跨下往後看，猜遠處記號的大小及距離，反覆實驗。結果發現與站立時觀看相比，記號縮小了，而且感覺離自己比較近。

更多逗知識 電子寵物「電子雞」、能翻譯狗狗語言的「狗語翻譯機」、不會流淚的洋蔥（→P126）也都獲得了搞笑諾貝爾獎。

驚奇雜學測驗

日本的歷史

Q 1

直到平安時代為止，日本人都住在豎穴式房屋裡。

YES

NO

Q 2

曾有天皇被自己扔的石頭絆倒而身亡。

YES　NO

Q 3

江戶時代除了大名，還有中名和小名。

YES　NO

Q 4

火柴問世時，日本早就發明打火機了。

YES

NO

Q 5

江戶時代最後的將軍德川慶喜，比明治天皇還長壽。

YES
NO

Q 6

「明治」這個年號是用抽籤決定的。

YES
NO

Q 7

曾有犯人越獄後，當上檢察官。

YES
NO

Q 8

日本的總理大臣最年輕者於44歲就任，最年長者於77歲就任。

YES
NO

Q 9

世界上第一台映像管電視播出的影像是片假名「ア」。

YES
NO

答案在➡ P200

Q 5
YES
明治天皇1912年過世，享年59歲。德川慶喜退位後，悠然自得地活到1913年，享壽76歲。

Q 6
YES
這是明治天皇親自從好幾個選項中抽籤決定的。

Q 7
NO
就任的不是警察署，而是法院。因為侵佔款項而被判無期徒刑的渡邊魁，越獄後拚命唸書，偽造身份當上了法官。但十年後又再次遭到逮捕。

Q 8
YES
歷任總理大臣中，最年輕就任的是初代內閣總理大臣伊藤博文。最年長就任的是於戰時上任的第42代內閣總理大臣鈴木貫太郎。

Q 9
NO
不是「ア」的文字而是「イ」。1926年，高柳健次郎成功利用映像管播放出影像，成為世界首創。

答案

Q 1
NO
豎穴式房屋是日本人熟悉的繩文時代與彌生時代的房子，除了平安時代，東北地區直到鎌倉時代、北海道與長崎縣直到江戶時代都還在使用。

Q 2
YES
這指的是鎌倉時代第87代天皇四條天皇。原本他想讓身邊的人被絆倒，於是惡作劇把石頭扔在走廊上，結果一不小心害自己摔死了。得年12歲。

Q 3
NO
沒有中名，但有小名。指的是地位不如大名高的武士。根據江戶時代初期制定的武士制度法「武家諸法度」，五萬石以上稱為大名，不滿五萬石稱為小名。

Q 4
YES
火柴是1826年由英國發明的。而在那五十四年前的1772年，日本的平賀源內便發明了世界上第一台打火機。

第6章

驚人事實！

日本的自然與生物

341 燕子低飛真的會下雨嗎？

燕子低飛的確有很高的機率會下雨，原因在於食物。

燕子的食物大多是蒼蠅、牛虻、蚊子等有翅膀的小蟲。這些蟲子每當快要下雨時，就會低飛。原因有「空氣中水分增加、翅膀變重」、「天氣好時可以乘著高氣壓形成的上昇氣流飛高一點，下雨前則因為低氣壓影響，不會有上昇氣流，所以只能在低空飛行。」

換言之，為了追逐雨前低飛的蒼蠅等食物，燕子也就跟著飛低了。

342 世界第一積雪紀錄在日本

很多國家都比日本寒冷，但世界第一的積雪紀錄卻是在日本。這是由設在滋賀縣海拔一千三百七十公尺伊吹山上的氣象觀測設施「伊吹山測候所」，於一九二七年二月十四日記錄的。

這天光是一日累積的積雪量，便高達十一公尺八十二公分。相當於積了三到四層樓高。

日本國土有一半都是降雪量極大的「豪雪地帶」。與全球相比降雪量大的地區仍有許多人居住的日本，是世界上數一數二的雪國。

343

「太空氣象預報」有朝一日或許所有人都會用到？

儘管叫作天氣預報，但太空並不會降雨。太空的天氣，指的是由太陽引爆的「太陽閃焰」或「太陽風速」、「是否有磁氣風暴」等等。這些現象會對人工衛星造成影響，因此管理衛星的人勢必得確認氣象預報。

現在的太空氣象預報只為了極少部分人而觀測，但若有朝一日太空旅行變得司空見慣，或許每個人就都會像「明天我要去土星，不曉得天氣怎麼樣？」來確認太空天氣了。

344

為氣象預報每天放氣球

你知道放氣球，是氣象觀測的方法之一嗎？氣象廳每天都會在上午與下午九點，於全國十六處及南極的昭和基地施放搭載觀測裝置的氣球。有些是靠自動裝置來施放，有些是手動。氣球約可觀測高度三十公里以內的大氣狀態。

手動施放氣球

氣球會在上空30公里處左右爆炸，因此觀測裝置都會裝上著陸用的降落傘。

更多逗知識　天氣無法用國境來區分，因此天氣預報需要全世界的協助。聯合國就設有統整全球氣象資訊的專門機構。

345 降雨機率百分之〇時，下雨仍不算失準

降雨機率就是用數字來表達降雨的可能性。大家可能會以為降雨機率零就不會下雨，其實即便下了一點，預報還是準的。

因為降雨機率公佈時會將個位數四捨五入。換句話說，百分之四以內的降雨機率，都會標示成百分之零，因此即使下雨也是準的。

另外，只有在預報地區於一定時間內下了*一公釐以上的雨才算「下雨」，瞬間小雨並不列入下雨。

346 「驟雨」和「陣雨」

天氣預報的「驟雨」是指比預報時間的四分之一還短的雨。另一方面「陣雨」則是在預報的時間內比一半還短、並且下下停停的雨。

換言之，同樣預報一天（二十四小時），「驟雨」是合計未達六小時；「陣雨」則是合計降雨時間不滿十二小時，因此「陣雨」的降雨時間會比較長。

長時間外出時，記得要留意「陣雨」的預報唷。

＊指降下的雨水累積起來、沒有流失時的水深（降雨量）。降雨量若為1小時1公釐，就代表1平方公尺的面積裡會累積1公釐的雨水。

347 休閒指數、喉糖指數等各式各樣的指數

在天氣預報常常可以看見「不適指數」，也就是將光靠氣溫無法判斷的其它不舒服的感覺數值化。除了不適指數以外，日本氣象協會還會公佈一些特別的指數。

像是告知每個都道府縣當天適合什麼休閒運動的「休閒指數」，透過「適合登山與健行」、「適合去水族館同樂」提供具體的建議。從氣溫與濕度來判斷的「喉糖指數」，則是以五個階段來標示喉糖的必要性。甚至還有想吃冰淇淋指數等季節限定的有趣數值。

348 春風有「春四號」!?

從立春（節分隔天二月四日左右）到春分（三月二十一日左右）吹的強而溫暖的南風，稱為「春一號」。春天的強勁陣風會害船隻翻覆，因此漁民之間都將春天開始吹的強風按照順序喚為「春一」、「春二」。

這個號碼究竟有幾號呢？報紙上刊登的紀錄是到「四號」。在俳句界裡，俳人也會用春一號到春四號來代表季節。但氣象廳天氣預報的正式用語只有「春一號」。

349 月亮的大小不論何時看都不變？

你有沒有發現，月亮離地平線近時感覺比較大，升到高空上時看起來就小小的呢？其實這個現象稱為「月球錯視」，純粹是眼睛的錯覺。距離我們約三十八萬公里遠的月亮，不論從地球的哪裡來看，大小都是一樣的。

用望遠鏡的相機拍拍看照片就知道了。不論是看起來離地平線近的月亮，還是高懸在夜空中的月亮，在照片裡的大小應該都一樣。只是因為離地平線較近時有了比較的建築物，所以才會覺得比較大。

350 天空和太空的界線是人決定的!?

在自然界裡，地球與太空當然沒有分界。但為了區別在太空中翱翔的火箭、衛星與天空裡的飛機，國際航空聯盟還是訂定了界線。在大氣幾乎消失的海拔一百公里後的高空，就算「太空」。

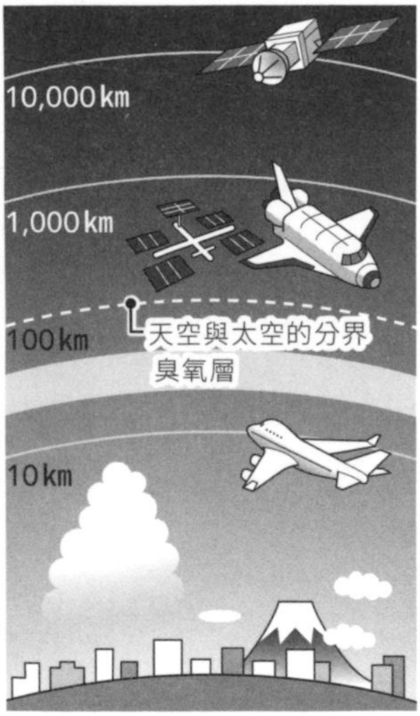

351

含海在內的日本面積是全世界第六名

日本面積約為三十七萬八千平方公里，世界排名第六十二。但包含海域在內，就會變成世界第六名。

地球上的海分為公海與領海，公海就是任何人都能自由來往的海域；相對的，領海就與國家的領土一樣，從海岸線開始往外十二海里都算領海。另外還有一種叫作「專屬經濟海域（EEZ）」，從陸地到兩百海里為止，魚與資源都在該國的管轄內。含專屬經濟海域在內，日本的國土就會擴大到將近四百四十七萬平方公里。

352

日本海岸線的長度可以繞地球一周!?

日本是島國，將海岸線連起來，長度是多少呢？根據國土交通省的測量，海岸線的長度是三萬四千八百五十公里。繞地球一周約四萬公里，所以只要再多一點點，就可以繞地球一圈了。

順帶一提，根據美國的調查，日本的海岸線是兩萬九千七百五十一公里，世界排行第六，比同是島國的*澳洲及英國都長。海岸線是用地圖來觀測的，使用的地圖越詳盡，越能得知詳細的距離，所以日本和美國的測量結果才會差這麼多。

＊澳洲的海岸線為25,760公里，世界排行第7。英國為12,429公里，徘行第14。順帶一提，第一名是加拿大，共202,080公里。

353 日本海底有「可燃冰」！

外表像冰塊，點火卻能燃燒「甲烷水合物」，就是可燃冰的真面目。一般認為日本海底可能潛藏著大量的可燃冰。

科學家將甲烷水合物視為取代石油與天然氣的新能源，令可燃冰備受矚目。若沉眠在日本海底的可燃冰能當作資源來使用，將相當於日本一百年份天然氣的用量。

但因為可燃冰埋藏於海底數百公里以下，因此調查非常困難，到實用化為止還需要時間。

354 海也要健康檢查

就像人類會定期健康檢查，海也有健檢報告，那就是由氣象廳公佈的「海洋健康診斷表」。

氣象人員會觀測海浪的波動、海面的高度、海水的溫度、海流的狀況，藉此瞭解環境變化。透過定期檢查海洋的狀態，便能預測地球環境會遭遇哪些問題。

海洋健康診斷表在氣象廳的官方網站上人人皆可觀看。順帶一提，海洋突然發生異變時，也會頒布「臨時診斷表」。

355 為什麼能立刻發出海嘯預報!?

地震速報後，「這場地震不會引起海嘯」的預報就會接踵而至。為什麼科學家能那麼迅速地預測海嘯是否來襲呢？

海嘯是海底產生縱向搖晃的地震時產生的。由於海嘯會受地震的大小、震源的深度、地形等多重因素影響，因此海嘯預報即便靠電腦計算，也得花費數十分鐘。故氣象廳的海嘯預測系統，都會事先預測數千次地震計算，遇震後再讀取資料公佈。

356 山的「〇合目」其實是難度

登山時到處都能看見「一合目」、「二合目」等標示。其實這代表的不是高度，而是登山的難度。

合目大多以登山口為零，到山頂為十，劃為十個區塊，越靠近山頂間隔越短，但也越難爬。不過合目的標準相當曖昧，是由登山者憑感覺來定。另外也有「走著走著油燈耗盡就算一合」、「邊走邊撒米，一合米撒完就算一合」等說法，視山的情況而定。

更多逗知識　也有山頂不算十合目的山。例如福島縣會津磐梯山五合目就到山頂了，據說是因為「該山的高度只有富士山的一半，所以只到五合目」。

357 山上冷是因為空氣稀薄

山上總是特別冷。富士山頂即便在夏天，最高氣溫也只有平均攝氏七至八度，跟冬天一樣冷。

為什麼海拔高的地方比較冷呢？這與空氣有關。地球是被空氣包圍的，越接近地表空氣越多，越往上空氣越少。空氣一少，保暖力就下滑了。

每上升一百公尺，氣溫就會下降約零點六度。富士山的海拔是三千七百七十六公尺，因此當山麓是三十度時，山頂就會變成七到八度。

358 入夜後海會發藍光!?

夏夜的海邊，在一片連天空與海都無法區別的幽暗中，海浪發出藍白色的光芒。你是否曾在新聞上，看見如此奇幻的風景呢？

發藍光的其實是夜光蟲。這是浮游生物的一種，當大量的浮游生物中含有夜光蟲，就會產生夜晚的海發藍光的現象。

浮游生物也常常引起「赤潮」，白天的赤潮入夜後看起來就像在發藍光，其實發亮的正是裡頭的夜光蟲。

＊浮游生物是浮游在水中，肉眼看不見的小型水中生物的總稱。大量出現時會讓海看起來變紅，稱為「赤潮」。

359 關東平原比北海道的平原還廣！

北海道幅員遼闊，有許多平原，例如石狩平原、十勝平原等等，但若只比平原的大小，其實光是關東平原一個就大多了。

橫跨一都六縣的關東平原，面積約一萬七千平方公里，竟然佔了國土的約百分之五。順帶一提，排行第二的是石狩平原，第三的是十勝平原，兩者都是四千平方公里左右，約為關東平原的四分之一。由於首都位於關東，建築物非常密集，我們很難感覺到關東平原有多大，但它其實是日本幅員最遼闊的平原。

360 日本有四個不靠海卻有島的縣

日本不靠海的內陸縣共有八個，其中四縣有島。但這不是海島，而是浮在湖裡的島。

長野縣的野尻湖有琵琶島，整座島都位在宇賀神社境內。山梨縣河口湖上漂浮的鵜島，是富士五湖唯一的島嶼，由鸕鷀嶋神社祭祀。日本最大的湖泊滋賀縣的琵琶湖則有三座島嶼，分別是沖島、竹生島、多景島，搭遊覽船就能環遊群島。栃木縣的中禪寺湖，退潮時則有能步行抵達的上野島。

361 九十九島這個地區有超過九十九座島

日本有六千八百五十二座島，其中島嶼最多的是長崎縣——多達五百九十四座。而其中，島嶼密度全日本最高的，則屬長崎縣佐世保市的九十九島。九十九島是位於佐世保港向北約二十五公里的群島區域，但島的數量不是九十九座，而是兩百零八座島。

明明有兩百零八座島，為什麼取名「九十九島」呢？因為「九十九」這個詞代表的並不是島嶼的數目，而是「多如繁星」的意思。從江戶時代中期起就這麼稱呼了。

362 活火山男體山要爆發了!?

約一萬年內噴發過的火山，以及仍在活動中的火山，稱為「活火山」。栃木縣的男體山最後爆發是在約一萬四千年前，但隨著調查技術的進步，地質學家發現約七千年前男體山曾有過火山活動，因此將它認定為「活火山」。一旦列為活火山，為了民眾安全，政府就會監控火山的活動，但火山並不會立刻噴發。

不論如何追溯過去的紀錄都不曾有火山活動的山，稱為「死火山」，但隨著技術進步、紀錄陸續被推翻，這個稱呼已經廢除了。

363 日本有超過四百座富士山

富士山是古人從遙遠的地方「遙拜」的對象。由於對富士山的景仰，人們便把形似富士的山，稱為「鄉土富士」或「故里富士」。

全國一共有超過四百座富士山。例如北海道的「羊蹄山」是「蝦夷富士」、沖繩縣的「目良山」是「本部富士」。由北到南，全國各地都有。

順帶一提，世界各地也有日本移民取名的鄉土富士，共有五十座以上。

364 有些地方的海岸能撿到寶石

富山縣的境海岸別名翡翠海岸，一如其名，這裡的海會將翡翠的原石打上岸。岸邊的翡翠一般民眾皆可撿拾。

除此以外，新瀉縣糸魚川市的小瀧川翡翠峽，也是知名的翡翠產地。從這裡湧出的翡翠，會流到同樣位於糸魚川市內的海岸，在這裡也能撿到翡翠。海浪波濤洶湧的日子，還常有大塊的翡翠被拍上岸。

北海道禮文島的元地海岸，別名瑪瑙海灘。在這裡則能撿到瑪瑙。

更多逗知識 翡翠是日本的國石。自古以來，日本人便把翡翠當作裝飾品。

365

鳥取砂丘原來並不是沙漠！

提到日本的沙漠，民眾大多會回答「鳥取砂丘」，但鳥取砂丘其實並不是沙漠。

沙漠是在不降雨的乾燥地區形成的。由於缺水，植物與生物生長困難，土地便越來越貧脊，形成沙地。相對的，沙丘是從遠方被帶來的石頭與泥沙淤積在海岸或大河岸而形成的。鳥取砂丘是中國山地的岩石經年累月化成沙，流入日本海中，又被風給帶回來的。鳥取砂丘雨水也很豐沛，冬天還會下雪。

366

明明只有八縣為什麼叫九州!?

稱呼九州，與古時候的地名有關。九州一共九國，分為豐前、豐後、筑前、筑後、肥前、肥後、日向、大隅、薩摩。

現在則是將福島、佐賀、長崎、大分、熊本、宮崎、鹿兒島、過去的琉球王國沖繩這八縣包含在內的區域稱為九州地區。

九州有九個國家

更多逗知識 國土地理院認定的國內沙漠只有「裏沙漠」與「奧山沙漠」，兩者皆位於東京都伊豆大島。

367

日本有很多「肚臍」

肚臍位於人體的中心，因此日本人將事物的中心稱為「臍」（へそ），導致日本有許多肚臍。

群馬縣的澀川市正好位於北海道至鹿兒島的正中間，坂上田村麻呂便於八〇二年，以「此地為日本中心」為由擺上肚臍石，因此澀川市每年都會舉辦「澀川肚臍祭」。兵庫縣西脇市有一座日本標準時子午線通過的「日本肚臍公園」。岐阜縣*人口重心的正中央一帶，則有「日本正中中心」。此外，各地也有許多形形色色的日本肚臍。

368

古時候梅花比櫻花受歡迎!?

現在的日本說到賞花，應該大部分人想到的都是國花之一「櫻花」。但在奈良時代提到賞花，肯定是賞梅花。

在奈良時代的和歌集《萬葉集》中，詠梅的歌約有一百二十首，詠櫻的只有四十首左右。貴族之間一定會在庭院裡種植梅花。但平安時代的《古今和歌集》則正好相反，詠梅只有約二十首，詠櫻則有約一百首。因為遣唐使廢除後，受中國的影響變小，人們便漸漸喜愛日本自古以來的文化了。

*人口重心是每五年進行一次的國勢調查，假設所有人口體重皆相同，那麼能維持所有人口平衡的地點，就是人口重心。

369

紅麝香豌豆花是從歌曲誕生的

一九八二年紅透半邊天的松田聖子，有一首歌叫作《紅色的麝香豌豆花》。在當時，麝香豌豆花有深粉紅色與磚紅色，並沒有歌曲裡形容的鮮紅色。

有一個在三重縣鮮花市場工作的人，於這首歌唱遍街頭巷尾後，致力於改良品種，歷時十八年歲月，終於種出了紅麝香碗豆花。他透過深粉紅色的花嫁接，但總是種不出理想的花色，就在他打算放棄時，突然，一朵鮮紅色的麝香碗豆花誕生了。

370

織田信長喜歡玉米花!?

織田信長曾積極進行對葡萄牙與西班牙的南蠻貿易。當時進口且現在大家仍在食用的作物有：馬鈴薯、玉米、南瓜等。

不過當年的玉米不是用來吃的，而是觀賞。玉米頭頂會開像芒草花穗一樣的雄花。平常吃的玉米所帶的「鬚」則是雌花。

玉米花開在田裡時，就像紅色的絹絲一樣。相傳織田信長非常喜愛這種花。

更多逗知識　番茄在古代也是觀賞用的。因為番茄與歐洲某種有毒植物相似，導致古人一直以為番茄有毒。

371 日本的大學研發出螢光苔蘚！

有一種叫作光蘚的苔類。它能反射微弱的光線，看起來彷彿發出黃綠色的光芒，在各地被列為天然紀念物。

另一方面，二〇一四年大阪大學與京都大學透過共同研究，以人工方式創造出了會發亮光的苔蘚。一開始它就像光蘚一樣，只能透出黃綠色的光，但隨著研究推進，後來甚至能發出紅、藍等光芒。

或許在不久的將來，我們就能在街上欣賞到不掛燈泡也能繽紛閃耀的樹木燈飾了。

372 植物也會彼此說話!?

植物無法發出聲音，也沒有語言，但是植物之間以及與昆蟲之間卻可以溝通。

根據京都大學的研究，植物會透過氣味來說話。例如若蟲在吃葉子，植物就會發出SOS的味道，將正在果腹的蟲子的天敵——植物貼身保鏢的蟲子吸引過來。另外，植物也會透過氣味，讓鄰近的植物夥伴知道有危險。但植物明明沒有鼻子要如何感受氣味呢？這點尚不明朗。

373 竹筍裡也有竹節

竹子裡有許多竹節，數目從還是小竹筍時就不變。

將竹筍剖開觀察切面，會發現裡頭有幾個小格子。隔開這些格子的牆，成長後就會變成竹節。竹子這種植物並不會增加竹節，而是靠節與節之間拉長來生長。

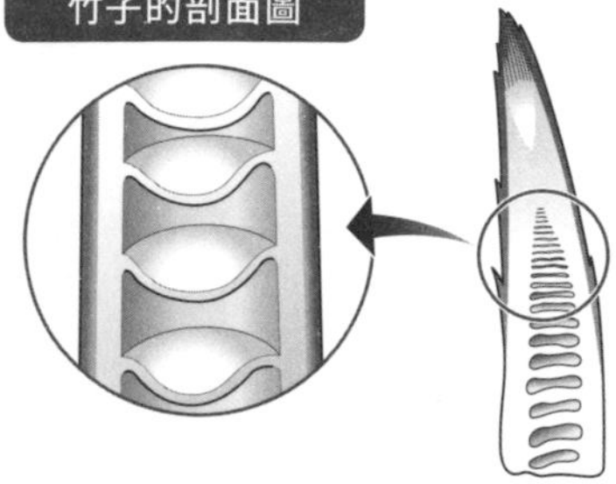

竹子的剖面圖

374 蓮藕的洞是為了呼吸

蓮藕在日文的漢字是「蓮根」。儘管寫成蓮的根，但我們吃的部位其實不是根，而是莖。莖裡空氣的通道，就是蓮藕的洞。

蓮藕生長在淤泥裡，必須靠突出地面的葉子呼吸空氣再送往根部。比起普通的土壤，泥巴的氧氣更少，需要更大的空氣通道。因此蓮藕才會有那麼大的洞。

順帶一提，這與輸送營養的維管束（➡P128）是不同器官。

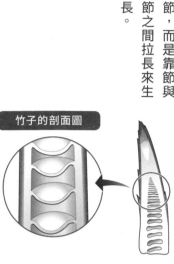

375 日本也有產咖啡豆!?

說到咖啡豆的產地，一般都會想到巴西或哥倫比亞。少了全年溫熱多雨的氣候與肥沃且排水良好的土地，便無法種咖啡豆，因此咖啡豆大多栽培於赤道附近，人稱咖啡帶。

日本雖不在赤道上，但沖繩及東京的小笠原群島、鹿兒島的沖永良部島等鄰近咖啡帶的區域，都有種植咖啡豆。只是栽培起來相當困難，量無法多到能在超市販售。因此國產咖啡是非常稀有珍貴的。

376 蟻獅不會排便

蟻獅是透明帶翅膀的昆蟲蟻蛉的幼蟲，以在砂地上挖陷阱、捕食螞蟻而聞名，但牠不論怎麼吃，都不會排便。

原因在於吃螞蟻的方式。蟻獅會在獵物體內注入消化液，融解得爛爛的再把內容物吸出來。獵物的外殼會被扔掉，因此能成為糞便的成分非常少。唯有羽化時，蟻獅會將牠在幼蟲期間累積的糞便一口氣排出，蛻變成美麗的蟻蛉。

更多逗知識　過去人們以為蟻獅不會排便也不會排尿，直到2012年，才確定「蟻獅會尿尿」。發現的是日本小學生。

377 空中的蟲子大軍是搖蚊在求偶

夏天進入尾聲，路上的小飛蟲大軍一不注意就撲到臉上……你有過這樣的經驗嗎？

這種蟲子大軍稱為「蚊柱」，是搖蚊在集體飛舞。這是由數十至數百隻雄蟲集結而成的，處於繁殖期的雌蟲偶爾會飛進去，尋找對象後交配、產卵。乍看數量驚人的搖蚊大軍，雌蟲最多只有寥寥幾隻而已。

搖蚊與蚊子相似，但並不會叮咬人類及動物。

378 人見人厭的蟑螂是生物的老前輩!?

恐龍誕生於約兩億五千萬年前的地球上，於六千五百萬年前左右滅亡。有一種昆蟲，比恐龍這種太古生物更早出現，而且現在仍然生存在世界各地。那就是蟑螂。

從出土的化石中，可以發現蟑螂早在約三億四千萬年前，就已經出現在地球上了。牠的模樣與現在幾乎沒有變，不同的地方在於現代的蟑螂產下的卵鞘，多的話一次可以孵化五十顆卵，而當時的蟑螂一次只能生一顆卵。

更多逗知識 搖蚊的蚊柱多出現在有水源的地方。非洲第三大湖馬拉威湖的蚊柱，甚至可以高達數十公尺。

379 腳底洗乾淨能驅蚊？

一般認為蚊子「喜歡靠近會發熱的東西」、「會受二氧化碳吸引」、「喜歡黑色的物品」，而最近又有了新發現。那就是常被蚊子叮咬的人，腳底的*共生菌特別多。因此，用酒精擦拭腳底、消滅細菌，就能避免被蚊子叮咬。

有時遭蚊子叮咬會感染嚴重的疾病，因此全世界都在進行蚊子的研究。而這個發現竟然是日本高中生自由研究的成果，震驚了全世界。

380 瓢蟲是人造衛星的靈感來源!?

瓢蟲紅紅的身體上帶著黑色圓點，十分可愛。在點點花紋的翅膀「鞘翅」底下，收著一種叫「後翅」的大翅膀。瓢蟲能將大小約身體三倍的後翅，瞬間折疊得小小的。

這種神奇的後翅折疊原理，如今已經被東京大學的研究團體解開了。瓢蟲的翅膀收納技術，未來可望運用在人工衛星的大型天線、醫療機械等需要變形的產品上，做為開發時的靈感。

＊共生菌就是總是存在皮膚上，與宿主（生物）共存的細菌。像人類肚子裡的彼菲德氏菌就是共生菌之一。

381 跨越國境旅行的候蝶

跟燕子這類候鳥一樣，有種蝴蝶也會隨著季節長途遷徙，那就是日本唯一的候蝶淺蔥斑蝶（大絹斑蝶）。

淺蔥斑蝶一如牠的名字，是一種擁有淺蔥色的花紋的美麗蝴蝶，不過牠最大的特徵是春夏之際會往北遷徙，秋天則會往南長距離移動。自從一九八一年確認淺蔥斑蝶會長途跋涉以來，昆蟲學家便持續研究牠的遷徙，但仍有許多未解的生態之謎。兩千年以後，昆蟲學家確認牠能移動超越兩千公里，在台灣與日本之間來回。

382 沒有翅膀也能飛？蜘蛛絲的祕密

蜘蛛沒有翅膀，卻能在空中飛。正確來說是利用蜘蛛絲乘著風移向遠處。這稱為「空飄」。

空飄常見於蜘蛛幼蟲，從卵中孵化的小蜘蛛會在某一天從腹部吐出絲線，乘著強風飄向天空，順著風飛往遠方。移動距離非常長，少則數公里，有時還高達數千公里。若是小型品種的蜘蛛，即便成蟲後也能飛行。

更多逗知識：蜘蛛會利用上昇氣流進行空飄，因此人們將冬天前飛舞的蜘蛛稱為「迎雪」，春天前的稱為「送雪」。

383 以鳥喙為靈感誕生的新幹線

車速快的新幹線由於結構因素，行駛時聲音總是震耳欲聾。尤其在隧道的出入口，還會發出驚人的轟隆巨響，連車身都會搖晃。

解決這個問題的靈感來源是鳥喙。翠鳥會鑽進水裡捉魚，水花卻非常小。於是設計師便模仿翠鳥鳥喙的造型，改造了五百系統的新幹線。結果不只能抑制噪音，連消耗的電力都減少了。於一九九七年起運用在「希望號列車」上。

384 烏鴉是進化程度最高的鳥類!?

烏鴉會為了覓食利用車輛。當然，牠們不是坐計程車去餐廳，而是將核桃、貝類等堅硬的食物扔在地上，靠車子從上通過的力量碾碎，再把裡頭的食物取出來。

另外，一旦發現死亡的同伴，烏鴉就會成群靠在牠身旁，因此動物學家認為烏鴉是會舉辦葬禮的鳥。但也有人認為這並不是在舉辦葬禮，而是在警戒屍體周遭，確認當地有哪些危險。烏鴉的聰明是世界公認的，被認為是進化程度最高的鳥類。

385 鳥糞白的是因為混了尿液

動物糞便以黑色、咖啡色居多。但從空中掉落的鳥糞卻是白的，仔細一看裡頭還摻著黑色與咖啡色的團塊。其實這白白的部分是尿液，鳥類臀部的孔穴只有一個，糞便與尿液會一起排出。

另外，鳥類為了飛在空中，必須減輕體重，所以不會儲存水。哺乳類會讓體內的廢物隨水分排出，但鳥的水分不足、無法這麼做，只能排出尿酸這種白白的結晶。

386 朱鷺復活、蝨子也復活了!?

日本以前有許多朱鷺，但隨著開發所造成的環境變化，數目越來越少。為了品種保育，動物學家決定人工飼養，便於一九八一年捉住了最後五隻野生朱鷺。至此，日本的野生朱鷺已經完全滅絕了。

其實當時，還有一種與朱鷺一同從大自然中消失的野生生物，那就是朱鷺羽蝨。這是一種吃朱鷺的羽毛碎屑，幫朱鷺清潔身體的蝨子，只會寄宿在朱鷺身上。

曾經一度絕種的野生朱鷺羽蝨，從放生的朱鷺身上再度被發現。朱鷺的復活，也決定了蝨子的命運。

更多逗知識 朱鷺經人工飼養後，於2008年起放生。2012年確定朱鷺能在野生下繁殖，現在數目已經逐漸增加了。

387 信天翁的名字由來是躲不過人類捕捉的「阿呆」

信天翁（阿呆鳥）生活在大海與島嶼上，是海鳥的一種。阿呆這個詞代表愚蠢，那麼為什麼要這樣命名呢？

信天翁生活在無人島上，從沒見過人類。連人類要來捉牠都不知道該害怕躲開。又因為在陸上的動作很遲鈍，走路慢吞吞，輕輕鬆鬆就被捉到了。日本人見狀，就替牠取了個蠢蠢的名字「阿呆鳥」。

牠因為毫無警戒心，連羽毛都被拔光，一度面臨了絕種危機。後來在保育下才復活。

388 鴛鴦並不會白頭偕老!?

日本人將感情好的夫妻稱為「鴛鴦夫婦」，但鴛鴦其實是一種每到冬天就要換伴侶的鳥。

鴛鴦只有在繁殖期才會形影不離。雌鳥在築巢時，公鳥會守護在牠身邊，但之後兩鳥就會離婚，只有雌鳥照顧幼鳥。「鴛鴦夫婦」這句成語來自一則中國故事——相傳有一對夫妻在生前被拆散，他們的墳墓裡各自長出一棵樹，將兩人的墳墓合在一起。而那兩棵樹上就住了一對鴛鴦。

更多逗知識　信天翁在伊豆群島中的八丈島與小笠原群島，人稱「阿呆鳥」。但也有些地區的人也稱牠為「沖太夫」，意思是棲息在海上、巨大而美麗的鳥。

389 每年飛來的大多是同一批燕子

一到春天，電視上就會播放「燕子回巢」的新聞，但這些真的與去年的是同一批燕子嗎？

經調查，即使不同巢，絕大多數的燕子父母，都會回到前一年築巢的地點附近。相對的，離巢的雛鳥大多不會回出生的巢附近。這是因為近親結為夫妻容易產下虛弱的後代，不回巢是為了避免這點。另外，被天敵侵襲過的巢，燕子隔年也不會回來。

390 棲息在本州的毒蛇只有兩種

一旦被毒蛇咬可就糟了。該小心哪一種毒蛇真教人傷腦筋，但本州的毒蛇其實只有兩種。第一種是「日本蝮」，棲息於北海道至九州。

另一種「虎斑頸槽蛇」則棲息於北海道以外的地區。人們發現虎斑頸槽蛇有毒是在一九七二年，是比較最近的事。

順帶一提，在比奄美群島還要南的地方，還要注意有毒的「波布蛇」。沖繩離島眾多，除此之外的毒蛇也要多多留心。

更多逗知識 2017年7月，曾有小學生不曉得虎斑頸槽蛇有毒而捉來玩，結果被咬。虎斑頸槽蛇的攻擊性低，咬傷人相當罕見。

391 青蛙靠眼珠吃飯!?

青蛙捉食物時，會將長長的舌頭高速彈向遠方。遺憾的是，這條舌頭其實並不擅長吞嚥食物。

仔細觀察吃下食物的青蛙，會發現牠們的眼睛凸了出來。那一瞬間青蛙彷彿吃得津津有味，但這其實是在拚命轉動眼珠，將口中的食物往喉嚨裡塞。

順帶一提，當青蛙吞不下食物時，就會連同胃袋把食物吐出來，並將胃洗一洗。

392 蝙蝠的翅膀不是羽毛，而是「手」！

鳥的翅膀有長羽毛，但蝙蝠的翅膀沒有。牠只有一根長長的腕骨與五根指骨，上面有連結骨頭的薄薄一層皮膚，手掌非常大。

蝙蝠是唯一能巧妙地活動「手」，像鳥類一樣啪噠啪噠飛行的哺乳類。

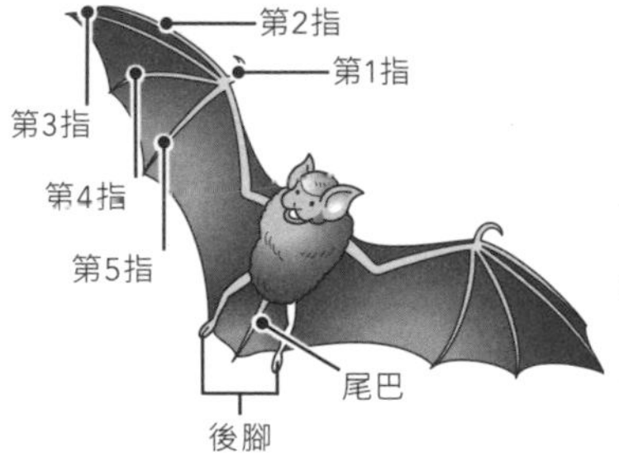

6 自然

393 馬看不見正後方與正前方

馬的兩顆眼睛長在臉的側邊，看得見的範圍大約是三百五十度，幾乎等於一圈，這是馬非常有名的特徵。

馬看不見正後方，其實還有一個地方牠也看不見，那就是正前面。

馬長長的鼻子會阻礙視線，導致牠們無法清楚看見正前方。另外，由於雙眼離得很開，近處的東西就會糊糊的，較難判斷遠近，這是馬的弱點。馬兒走路時會不斷往下看，就是這個原因。

394 山豬與家豬混血的所在地獨立於日本建國

「豬豚」是由雄山豬與雌家豬交配的混種豬，一九七〇年誕生於和歌山縣的畜產實驗場。育種的目的是當作食用肉，像牛肉一樣切成生肉片，口感就像一般肉豬，非常美味。

豬豚發祥地和歌山縣的周參見町，曾於一九八六年自日本獨立，建造豬豚王國。當然，這是為了推廣豬豚所辦的促銷活動，連國旗都有制定，舉鎮一同歡慶豬豚。

更多逗知識 油電混合車稱為hybrid，語源是拉丁語的「hybrida」，這個字就是山豬與家豬繁衍的後代的意思。

395

貓的骨頭數目比人還多

人類約有兩百根骨頭。相對的，貓的體型比人類小得多，骨頭卻有兩百四十根。

這個差距最大的原因，在於貓咪有尾巴，尾巴的部分有十六至二十四塊尾椎骨。此外，還有一根胸骨（對貓咪而言就是上面的脊椎骨）、兩根腰骨（下面的脊椎骨）。脊椎骨數目多，是為了讓長長的身體邊維持平衡、邊用四隻腳走路。貓咪因為每一根脊椎骨都很細長，所以能做出非常柔軟的動作。

396

狗從繩文時代就是寵物

考古學家從青森縣、千葉縣、神奈川縣、愛媛縣等日本各地的繩文時代遺跡中，挖出了狗的骨頭。儘管這些狗骨頭也有可能是狗兒被當成食物吃完後扔掉的，但有些挖到的狗骨頭卻與人骨葬在一起，看得出來埋葬時很慎重。此外，這個時代也沒有替狗以外的動物製作墳墓的痕跡，因此對繩文人而言，狗應該是特別的動物。

到了彌生時代，考古學家才發現有狗被支解的痕跡，推測是彌生時代的人有吃狗的習慣。

397 在猴子界也有方言!?

一九五六年，研究人員讓一部分鹿兒島縣屋久島上的日本獼猴，搬進了愛知縣研究所裡居住。五十年過去了，調查留在屋久島上的獼猴，以及搬到愛知縣的猴子叫聲，會發現牠們呼喊同伴的「吱吱」聲音高度不同。

這個差別在誕生後六個月大內的小猴身上是找不到的，隨著成長才漸漸出現。牠們原本都是同種的猴子，或許這代表了在猴子界也有方言。

398 狸貓還是狢!? 名稱爭議曾鬧上法庭

一九二四年，有一名在禁獵期間獵狸貓的獵人遭到逮捕。獵人堅稱「我獵的是狢，不是狸貓」，主張自己是清白的，甚至還上訴到最高法院。

狢是狸貓或獾的別名，認知依地區而異。在獵人居住的地區，人們認為狸貓與狢是不同的動物，而且獵人確實將狸貓喚作「狢」。

因為這樣，獵人打贏了官司、無罪釋放。這稱為「狸貓與狢事件」，在大學的法學院一定會讀到。

更多冷知識 同一年還發生過「鼯鼠與摩瑪（栗鼠的方言）事件」。獵人同樣獵了被禁止狩獵的鼯鼠，並主張「我獵的是摩瑪」，但這次就有罪了。

399 看噴水方式就能辨別鯨魚的種類

鯨魚是哺乳類，不像魚一樣靠鰓呼吸，而是用肺呼吸。牠的鼻孔在頭頂，吐氣時海水會像噴霧一樣濺出去，被體溫暖化的呼吸接觸到外頭的冷空氣，看起就會一片霧茫茫的，這就是鯨魚噴水。

噴水的形式與大小，依鯨魚的種類而異。灰鯨會噴愛心型、長鬚鯨則會噴得細細高高的。這是因為牠們鼻孔的形狀與位置不同所造成的。順帶一提，露脊鯨的鼻孔有兩個，所以會噴兩道水。

400 明明沒裝炸藥，鯨魚的屍體卻會爆炸？

在海裡死亡的鯨魚，會被各式各樣的生物吃掉。但若沒有被吃、完整地漂流到岸邊或是被海浪推上岸後才死亡，內臟就會腐爛，在體內累積瓦斯，引發大爆炸。

二〇一三年十一月，在丹麥就發生過一起將抹香鯨一剖開立刻爆炸的例子。原因是鯨魚上岸後過了兩天，體內的甲烷累積，一口氣噴出。

更多逗知識 在抹香鯨腸內形成、排出的結石稱為龍涎香，是一種高級香材。雖然很難採到，但曾有紀錄顯示牠漂流到日本的海岸過。

401

虎鯨比大白鯊還厲害

大白鯊擁有尖銳的牙齒及強韌的下巴，能透過些微的血量追蹤獵物，也吃過人類，因此非常教人害怕。但卻有一種恐怖的生物比大白鯊更強，那就是虎鯨。

虎鯨的體型比大白鯊長一至兩公尺，泳速也是幾乎兩倍。而且虎鯨具有高度的智慧，能依據獵物的性質改變策略。因此虎鯨是比大白鯊還可怕的獵人，堪稱最強海洋生物。

402

上野動物園的大貓熊主食是糰子

大貓熊的主食是竹子與矮竹，但牠原本是接近肉食的雜食動物。竹子與矮竹有許多難以消化的成分，若吃的量太少，吸收到的營養就會不足，因此大貓熊必須吃大量的竹子與矮竹。

在東京的上野動物園，工作人員每天都做特製的糰子給大貓熊補充營養。名字叫「貓熊糰子」，這是用玉米、大豆等粉末，加入維生素與礦物質蒸成的糰子。

另外，上野動物園還研發出了大貓熊專用的「貓熊奶」。

403 烏賊會分身術，章魚會障眼法

烏賊與章魚為了躲避敵人，都會吐墨。烏賊吐出的墨黏性很強，這種墨在海裡的形狀就像其它生物一樣，能夠欺敵。

相對的，章魚的墨黏度很低，能在敵我之間像煙霧一樣發揮遮蔽視線的效果。

不過在最新的研究中，動物學家發現章魚墨裡含有讓天敵鯙鰻的嗅覺麻痺的成分。所以章魚比起障眼法，用的其實是更有效的毒術。

404 鰻魚會爬瀑布!?

海拔一千兩百六十九公尺高的栃木縣中禪寺湖（➡P211），是鰻魚的棲息地。有紀錄顯示，這裡的鰻魚曾爬上距離中禪寺湖落差九十七公尺的華嚴瀑布。

許多魚都跟鰻魚一樣，在海中誕生後回到河川，但絕大多數的魚遇到瀑布都不會往上游。但鰻魚卻能憑著又長又滑的身體，順著瀑布的岩石攀上去。爬瀑布與河川的鰻魚，就是「鰻登り」這個字的語源*之一。

＊「鰻登り」用來形容事物的程度或階段急速攀升。另一個語源是鰻魚滑不溜丟，一抓就往上溜走。

405 從頭骨能看出魚的年齡!?

魚頭裡有一種叫「耳石」的骨頭。這個耳石會一天天累積鈣質、越長越大，像樹木的年輪一樣，以一天為單位生長出線來。只要數這些線，就能得知年齡。耳石還會隨生長的情況改變寬度，相當有趣。

順帶一提，在江戶時代，耳石曾被當作藥物，進獻給德川家。

除此之外，魚的鱗片與脊椎也有類似年輪的痕跡，數這些同樣能知道年齡。

406 出世魚的名字也因地區而異!?

依成長階段不同而有不同稱呼的魚類，稱為出世魚。例如鰤魚、鯔魚，即便成魚後的名稱在全國都一樣，成長期的稱呼卻會因地區而不同。

出世魚的名稱變化

	鰤魚	鯔魚
關東	夏魚→若魚子→鰍→稚鰤→鰤魚	阿鮱→鯔子→鯐→鯔→鮱→鯔魚
關西	藻雜魚→童魚→魚翼→魬→目白→鰤魚	白→產子魚→鯐→鯔→鮱→鯔魚

更多逗知識　人類也有這種耳石。當耳石脫落，跑進掌管身體平衡的三半規管裡，就會導致暈眩。

407 鮪魚若不張嘴游泳就無法呼吸

許多魚類都會挪動鰓，來吸收水中的氧氣。但鮪魚不能挪動鰓，因此必須張口游泳，用這個姿勢讓海水通過鰓來吸收氧氣。一旦停止游泳，鮪魚就會無法呼吸。

魚類呼吸方式的差異

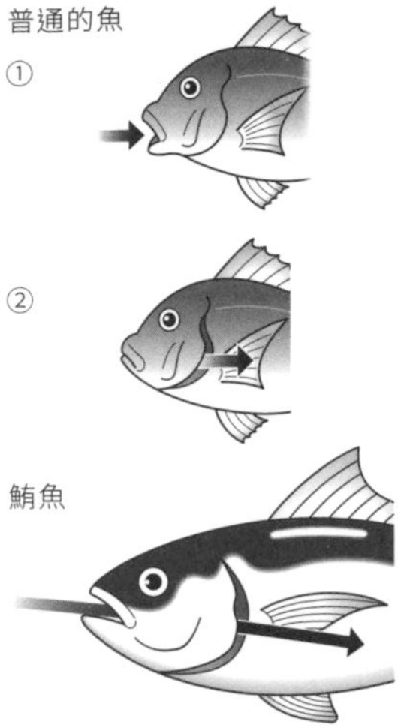

408 飛魚會用尾鰭在海面上奔跑？

飛魚會將翅膀般大大的胸鰭張開來飛翔。時速六十至六十五公里，相當於轎車的速度。

雖說是飛，但飛魚的飛行的原理並不是拍動翅膀，而是左右劇烈地擺動尾鰭，用尾鰭拍擊海面狂奔，再將腹鰭與胸鰭張開，像滑翔機一樣滑翔。

在空中飛是為了躲避大型魚，但有時也是因為被船嚇到。牠與鳥（➡P224）一樣，為了飛翔身體都要很輕，所以沒有胃袋。

更多逗知識　九州地區的名產「飛魚高湯」，是用飛魚乾提煉而成的。腥味低又清澈，是很受歡迎的高品質高湯。

驚奇雜學測驗

日本的生物

Q 1

有叫桃太郎的海膽。

YES
NO

Q 2

有會說日語的海豚。

YES　NO

Q 3

棲息在日本最大的野生動物是棕熊。

YES
NO

Q 4

「章魚烏賊」與「蜂蜜熊」只有後者才是真的。

YES
NO

Q 5

有明明只分佈在北海道，卻叫「東京」的老鼠。

YES
NO

Q 6

雄鴿子也會分泌乳汁。

YES　NO

Q 7

日本的動物園沒有鴨嘴獸。

YES　NO

Q 8

栗鼠的尾巴像蜥蜴一樣，斷了會再生。

YES
NO

Q 9

在日本，被蜜蜂螫死的人比被棕熊攻擊身亡的人多。

YES
NO

答案在➡ P238

答案

Q 1

NO

雖然沒有桃太郎，但有種叫「分福茶釜」的海膽。這種海膽的外觀毛茸茸的像狸貓，於是人們便用日本童話《分福茶釜》（註1）來為牠命名。

Q 2

YES

鴨川海洋世界的白海豚納克，會模仿「早安」、「啾啾」等聲音。這是東海大學海洋學院的村山司教授等人，在研究後獲得的意外之喜。

Q 3

NO

棲息於日本最大的野生動物是藍鯨。不只日本，牠也是全球最大的動物。陸地上最大的日本野生動物，才是棕熊。

Q 4

NO

兩種都是真的。章魚烏賊是烏賊的一種，頭部是烏賊的形狀，但腳跟章魚一樣有八隻，所以叫作「章魚烏賊」。蜜蜂熊不是蜜蜂也不是熊，而是老鷹。外表類似大型的熊鷹，以蜜蜂為主食。

Q 5

YES

在日本，東京尖鼠是只棲息於北海道、世界上最小的哺乳類。體長45至49公釐（不含尾巴），是鼴鼠的一種。

Q 6

YES

這稱為素乳，從口中吐出餵食雛鳥。不論雄鳥或雌鳥都會分泌。

Q 7

YES

鴨嘴獸具備哺乳類、鳥類、爬蟲類的遺傳特徵，是非常罕見的動物。在日本還從來沒有飼養過。

Q 8

NO

雖然無法再生，但遇到敵人攻擊時，有時會切掉尾巴逃跑。

Q 9

YES

根據厚生勞動省統計，2004年至2013年這十年間，被蜜蜂螫死的人有193名。在2005至2014這時年內，遭棕熊攻擊身亡的只有12人。

註1：講述一隻狸貓被老爺爺拯救以後，變身成茶釜讓老爺爺賣錢、賣藝的報恩故事。

第7章

可愛迷人的地方趣聞

409 北海道的冬天冷到連醬油都會結凍!?

北海道的氣象預報會用一種很特別的方式來表現寒冷。在二〇一六年十二月的天氣預報中，播報員曾以「北海道將下探零下二十五度低溫，連醬油都結凍」的說法令人津津樂道。其實從以前氣象播報員就會用不易結凍的醬油為譬喻，向民眾傳達「極度寒冷」。

醬油含有乳酸、葡萄糖等多種成分，不易結凍。零下三十至四十度會呈雪糕狀，零下六十度才結凍。

410 體長八公尺！北海道挖出國內最大的恐龍化石

考古學家在北海道的鵡川町，挖出了*鴨嘴龍科的恐龍全身化石，人稱「鵡川龍」。牠的身長推測約八公尺，體重約七噸，是日本國內最大的恐龍。在日本挖出恐龍的全身骨骼是很罕見的，這是世界上第三尊鴨嘴龍科的全身骨骼化石。

＊約1億4千5百萬年前至6千6百萬年前，繁榮於白堊紀的草食恐龍。在歐亞大陸及南極大陸等許多地方，都有發現牠的化石。

411

青森縣警察的巡邏車有天鵝標誌

青森縣警察的巡邏車上印有天鵝圖案。由於縣鳥是天鵝，一九七七年，這便成了青森巡邏車的象徵圖案。

青森縣恐怕是史上第一個在巡邏車上印文字以外圖案的縣市。許多人都會為了看天鵝圖案的巡邏車而停下腳步。

照片／青森縣警察

412

為看稻田彩繪遠道而來!? 青森意外的觀光景點

在青森縣田舍館村，有一塊獨特的稻田成了觀光客的目光焦點——那就是在田裡種不同顏色的稻米繪成的巨畫。從瞭望臺觀賞這種「稻田藝術」，非常受到觀光客喜愛。

一九九三年剛開始時，稻田藝術只有用三種顏色的稻子來畫，現在已經增加到七種顏色的稻子。最美的時候是七月中旬至八月中旬。

照片／田舍館村村落振興推進協商會

更多逗知識　巡邏車的設計有三處是固定的。一、車身為黑白兩色。二、車頂與前方設有紅色警光燈與擴音器。三、車身側面會印上都道府縣的名稱。

413 青森縣八戶市是B級美食的發源地

一流代表A級，二流代表B級，B級美食就是由「雖不高級但便宜好吃的料理」命名的。

有一場一年一度、從全日本集結眾多B級美食攤販的祭典，由名叫*「B-1大獎」的城鎮所舉辦。

該祭典每年訪客總是絡繹不絕，一開始是八戶市的義工團體為了在當地宣傳八戶仙貝鍋而企劃的。由於能吃到全國的B級美食，自二〇〇六年舉辦以來便大受歡迎，不一會兒就發展成國民盛事了。

414 遠野市有發行捕捉河童許可證

岩手縣遠野市土淵町有一條溪叫河童淵，相傳以前住著河童。有一種許可證，專門發給想在這條河捕捉河童的人。那就是遠野市觀光協會發行的「河童捕捉許可證」，一張兩百一十日圓。

自從二〇一四年發行以來，還沒有人嘗試在這裡捕捉河童，但許可證每年都會發出一萬張以上。許可證背後，列了「不得破壞頭頂的盤子，捕捉時別讓盤裡的水潑撒出來」（註：相傳河童頭頂有一個盤子，盤中總是積滿了水，一旦水流失了，法力就會跟著消失。）等捕捉的七大規範。

＊2013年以後，「B-1大獎」的「B」已定義為地區品牌（Brand）的「B」了。

415

宮城縣在節分是撒花生

說到節分，傳統作法都是一邊喊「鬼～出去！福～進來！」一邊撒大豆驅鬼，但在宮城縣，人們撒的不是大豆，而是花生。

其實不只宮城縣撒花生，北海道、東北信越地區等寒冷的地方也會撒花生。

為何會變成撒花生，眾說紛紜，像是「花生即使掉到雪裡，也很好撿」、「花生帶殼，即使踩到也不容易爛，不會浪費食物」等等。

416

生剝鬼原來不是鬼而是神！

在秋田縣男鹿市一帶，每到除夕夜，戴著惡鬼面具、身著蓑衣的生剝鬼，就會喊著「有沒有愛哭鬼啊」巡到家門前。有些孩子以為鬼來了，還會一不小心哭出來，但生剝鬼其實不是鬼，而是神。

當地人相信生剝鬼是帶來農田、海洋、山岳等天然資源，保佑人民健康平安的神。人們還會在家中準備酒菜款待祂。其實這個祭典，最早是為了讓生活在當地的人不要好逸惡勞而開始的。

417

秋田美人是經統計證明的

許多秋田出身的女性都是膚色白皙的美女，人稱秋田美人，其實這是有統計可以證明的。

根據秋田縣湯澤市杉本元祐醫學博士的調查，全國的膚色白皙度平均為百分之二十二點六，而秋田的平均竟然高達二十九點六。加上全年日照時間（陽光出現的時間）秋田縣是全國最後一名，因此秋田女性大多膚色白皙、吹彈可破。

順帶一提，世界三大美女之一小野小町，相傳就是秋田縣湯澤市出身的。

418

山形每年都會舉辦「世界拖鞋桌球大賽」

山形縣河北町的拖鞋生產量佔全日本第一。「世界拖鞋桌球大賽」這個有趣的活動就是從這座城鎮開始的。

規則是拿拖鞋取代球拍打桌球。一開始拖鞋桌球只是「全國大賽」，後來因為「其他國家沒有人這樣打桌球」，就改成了「世界大賽」。如今連桌球的發源地中國及巴西，都有參賽者慕名而來。

比賽所使用的拖鞋是在河北町生產的，呈球拍狀，比普通的拖鞋大一圈。

419

冬天出現的雪怪是什麼!?

山形縣藏王溫泉滑雪場，每到冬天就會出現一種叫雪怪的怪物。其實祂的真面目是樹冰。由於大白時冷杉這種針葉樹覆滿冰雪，看起來就會跟怪物一樣，因此人稱雪怪。

當氣溫及風向等氣候條件俱足時，每年十二月下旬至三月上旬就能見到。它又被稱為大自然的藝術品，受到世界矚目，搭乘纜車欣賞樹冰景緻的觀光行程非常受歡迎。入夜後還會點燈。

420

海倫凱勒泡過的溫泉

福島縣的飯坂溫泉，是松尾芭蕉、正岡子規等眾多歌人拜訪過的知名溫泉。與謝野晶子還曾經這麼歌詠過：「飯坂金針橋，盈盈水珠落，恰似吾妻山水色清風」。歷代首相及皇族也來過這裡，也有外國人是這座溫泉的粉絲。

那就是即便看不見、聽不到、無法言語，卻仍為身心障礙者奉獻社會的海倫凱勒。一九三七年她首次來到日本時，在飯坂溫泉的花水館留宿、享受溫泉。再度來日本時，她又去了一次飯坂溫泉，想來是對這裡情有獨鍾。

421

真的有拜草鞋的祭典？

在福島縣福島市的夏日祭典上，會出現一只長達十二公尺、重達兩噸的大草鞋。在每年八月舉辦的「福島草鞋祭」上，人們會扛起這只巨大的草鞋，代替神輿在街上遊行。

草鞋祭的起源，來自古人為羽黑神社中的仁王（佛祖的守護神）量身訂製草鞋。這個祭典也含有保佑市民腰腿健康的涵義。在祭典中，人們會隨著「平成草鞋音頭」起舞，辦「草鞋競走」組隊扛著大草鞋賽跑，看誰先抵達終點。

422

茨城縣的海中岩石上矗立著神社!?

茨城縣東茨城郡大洗町有一座大洗磯前神社。這座神社是一六九〇年由鼎鼎大名的水戶黃門德川光圀建造的。神社裡有三道鳥居，其中一道矗立在傳說中大國主神大己貴命降臨的海中岩石上。為了一睹這道絕景，全國各地都有信徒前來參拜。

光圀造訪此地時，曾吟詠「驚濤拍石碎月影，浪去嬋娟復又還」來稱讚這座鳥居的美景。「神磯」意味著神靈降臨的地方，因此人們又稱它為神磯鳥居。

＊別名大國主，是日本神話中的一位神明。人們將祂奉為創國神、農業神、商業神、醫療神來信仰。

423 茨城縣政府的納豆聖代廣受歡迎

茨城縣水戶市是納豆的盛產地。而在水戶市茨城縣政府的咖啡廳，最推薦的甜點就是「納豆聖代」了。

芝麻口味的冰淇淋搭配鮮奶油，淋上納豆，這道納豆聖代是咖啡廳的人氣美食。據說冰淇淋與納豆混在一起吃，口感黏稠綿密、十分對味。另外這裡也點得到納豆義大利麵等加了納豆的菜色。

順帶一提，茨城縣政府是縣內最高的大廈。天氣好時，還能眺望晴空塔與富士山等美景。

424 栃木縣有真正的「玩具城」

在栃木縣，有一座真正的「玩具城」，既不是遊樂場也不是主題樂園。它的真面目是日本真實存在的地名。

該地名為下都賀郡壬生町玩具城一至五丁目，並非綽號。為何會取這樣的地名呢？因為過去這裡曾經有十一間玩具公司，工廠每天都會生產大量的玩具。當地人希望這裡成為充滿夢想的小鎮，便正式取了玩具城的地名。現在已經沒有工廠了，但有萬代博物館這個玩具博物館。

425

除了「非禮勿視、非禮勿言、非禮勿聽」，還有其他猴子！

栃木縣的日光東照宮以雕刻豪華的建築聞名。其中最遠近馳名的雕刻，就是「非禮勿視、非禮勿言、非禮勿聽」這隻猴子。牠們分別摀住了眼睛、嘴巴、耳朵，其實包含這三隻在內，合計共有十六隻猴子雕刻，組成同一幅作品。

這幅雕刻分為襁褓期、童年、青年、成人（壯志凌雲、煩惱、戀愛）結婚、生子等八幕，三隻猴子代表童年。裡頭寄寓了人的一生各個階段的教訓。

426

草津溫泉湧出量日本第一

草津溫泉位於群馬縣，每分鐘可湧出約三萬兩千三百公升的溫泉，號稱全日本第一。光一天產出的溫泉就能將二十三萬個汽油筒裝滿。

不過，也有另一個溫泉湧出量同樣號稱日本第一。那就是大分縣的別府溫泉。別府的湧出量每分鐘約八萬七千公升！是全球排名第二，光看數字是別府壓倒性大勝，但實際上草津溫泉才是自然湧現的「自噴」溫泉。別府的數據還包含了用幫浦打上來的溫泉。

更多逗知識　「非禮勿視、非禮勿言、非禮勿聽」雕刻的意思，是指人從小就不能亂看、亂說、亂聽，要培養正直善良的心。

427 在高麗菜田高喊愛的活動

群馬縣的吾妻郡嬬戀村是高麗菜的盛產地，每年都會舉辦有趣的活動。在「於高麗菜田中心對老婆喊我愛妳」（又稱高麗菜之吻）的活動中，先生會將平常對妻子說不出口的感激與愛，大聲喊出來。連活動時間都堅持在十一點二十二分開始，因為「一一二二」（いいふふ）是「神仙伴侶」（いい夫婦）的諧音。

相傳這座嬬戀村，是古時候日本武尊聽聞妻子弟橘姬的訃聞，哀歎「唉，吾之愛妻」的地方，因此也是人們口中愛老婆的好男人聖地。

428 反過來將炎熱當城鎮的賣點

埼玉縣熊谷市因為夏季溫度高而舉國聞名。在熊谷市觀測到的最高氣溫是二〇〇七年的攝氏四十點九度。是觀測史上全國第二高的數字。

不過熊谷市卻反其道而行，將酷熱當作城鎮的賣點。市政府以「熊谷熱喔！」這句標語為題，於每年夏天舉辦活動及演唱會，讓市民一同享受炎熱，把熱力四射的活動宣傳出去。另外，熊谷市也有代表性的吉祥物「熱太陽」，相關的新商品也在陸續研發。

429

日本最熱衷教育的城鎮是埼玉市

根據總務省調查，埼玉縣埼玉市是每月在教育上花最多錢的都道府縣地區，堪稱全日本望子成龍、望女成鳳的父母最多的城鎮。

【花在教育上金額最高的都道府縣地區】

第1名	埼玉市	20,114日圓
第2名	東京都23區	18,794日圓
第3名	福岡市	17,379日圓
第4名	橫濱市	15,725日圓
第5名	川崎市	15,510日圓
第6名	京都市	15,204日圓
第7名	堺市	14,508日圓
第8名	千葉市	14,250日圓
第9名	山口市	13,778日圓
第10名	奈良市	13,748日圓

2016年家庭收支調查年報

430

日本最短的鐵路在千葉

芝山鐵道全長僅二點二公里。

會架設那麼短的路段，起因為成田機場開港。機場蓋好後，為了讓住在機場東側、路徑被隔開、通行不便的人也能前往機場，「東京成田站—芝山千代田站」便設立了。

一進入芝山鐵道的區間，電車內一定會有警官，這是因為鐵道通往機場境內，必須警戒以防恐怖攻擊。全日本只有這條鐵道一定有警官隨行。

431

在千葉縣能最早看見新年第一道曙光

千葉縣銚子市的犬吠埼位於關東最東邊，在那裡，能欣賞到日本新年的第一道曙光（除了離島與山頂）。

北海道的納沙布岬比犬吠埼還要靠東，感覺新年日出也更早，但其實越往南方，日出越早。因此位於南邊的犬吠埼，日出時刻會比北邊的納布沙岬還早。但犬吠埼只有在元旦前後的十天左右日出時刻才最早。

包含離島與山頂在內，新年日出最早的是小笠原群島的母島，再來是富士山的山頂。

432

東京車站的祕密記號!?

東京車站有一個祕密記號。在靠近丸之內南口剪票口的地方，有一部分的地板鋪了小型的六角形磁磚，用來標示出一九二一年，第十九代內閣總理大臣原敬首相遭到暗殺的地點。

另外還有一個相同的記號在中央通道附近，那裡標示的是第二十七代內閣總理大臣濱口雄幸首相遭到槍擊的位置。這些磁磚是當年案發時地板所用的磁磚，附近有說明刺殺案的看板。這是由當時的站長想出來所設置的，為的是不讓悲劇再度重演。

433

東京鐵塔是用戰車做的!?

東京鐵塔使用了約四千噸鐵材來建造。其中，比佔整體三分之二的大展望台還高的部分，是用戰車解體後的鐵製作的。當時日本的鐵量不足，政府便買下韓戰後廢棄的美軍戰車，當作鐵材來使用。

434

鎌倉沒有保留鎌倉時代的建築

鎌倉是八百年前，因源賴朝開啟幕府時，將政治中心設在此而繁榮的都市。鎌倉保留了許多古老的建築物，但這些全都是室町時代以後的，鎌倉時代之前的並沒有留下。

鎌倉時代以前的建築物，全都因為火災及地震毀損了。

鎌倉時代一二五三年，由北條時賴建造的建長寺，在歷經幾度祝融之災後已經焚毀。一〇六三年興建的鶴岡八幡宮則在戰國時代因戰事付之一炬。兩者目前完好的建築，都是在江戶時代重建的。

435 堆滿漫畫的佛寺!?

常樂寺位於神奈川縣川崎市，乍看之下只是一間普通寺院，不料一踏進去，壁櫥與牆上全都是漫畫！其實這是一九六八年寺院進行拆解整修時，因當時的住持熱愛漫畫，與寺院有往來的漫畫家們便帶著自己的作品來參拜，結果就蒐集了兩千冊以上。從此有了「漫畫寺」的封號。

漫畫家送來的賀年卡及簽名，貼滿了一整面壁櫥，甚至包含了以《原子小金剛》聞名的手塚治虫等知名人士。許多具歷史價值的作品也保存了下來。

436 新潟市的公車站有擺鏟子

一到寒冷的季節，新潟縣新潟市的公車站及斑馬線附近就會出現大型鏟子，以便民眾鏟雪。

在常下雪的新潟縣，連人行道都會大量積雪，因此鏟雪是必要的。為了行走安全，新潟市想出了一個辦法，讓民眾在等公車或紅綠燈時，用鏟子鏟雪。這個活動稱為「貼心鏟雪運動」，由新潟市及地方團體動員，在市內約三百處以上的地方設置鏟雪用的鏟子。如今該運動已經擴展到富山縣、石川縣金澤市、福井縣等地區了。

437

新潟直到明治時代人口都是全國第一

一八八八年至一八九二年，新潟縣的人口為全日本第一（一八八八年有一百六十六萬人）。再來依序為東京都、兵庫縣、愛知縣、廣島縣。

這個時代的日本以農、漁、林等第一級產業為主，新潟縣也盛產水稻。新潟縣位在日本海沿岸中央，海路相當發達，與國外貿易興盛，聚集了許多人潮。戰後，集中在新潟的勞工轉往東京，現在新潟縣的人口是全國第十五名（二〇一六年為兩百二十八萬人）。

438

富山縣有鰤魚之歌

富山產的鰤魚是最高檔的品牌，連在東京的築地市場都能賣到高價。尤其冬天在冰見漁港捕撈的「寒鰤」，更是油脂豐美，評價極高。

有一首合唱組曲，就是以冰見海為主題，名為《寒鰤之歌》，唱出了大批寒鰤群在冰海中頑強游水的模樣。作詞者為宮澤章二，作曲者為富山出身的岩河三郎。《寒鰤之歌》共由四首歌組成，除了〈海洋風景〉以外，還有〈春天的海市蜃樓〉、〈螢烏賊之海〉、〈雨過天晴的海岩〉等合唱曲。

439 在富山灣能看見螢烏賊「投海」!?

在富山灣，每年二至五月都會出現這樣的奇景——「螢烏賊投海」。螢烏賊一到產卵季，就會從深海來到淺灘上。當地人將烏賊產卵後筋疲力竭、被海浪沖到沙灘上的模樣，稱為「投海」。

投海只在新月的夜晚才看得見，正確原因不明。但有一說認為，這是由靠月光游泳的螢烏賊，在新月夜晚因月色昏暗而迷失方向所引發的。綻放藍白色光芒的烏賊綴滿入夜後的海岸，散發魔幻氛圍，成了觀光景點。

440 石川縣能登有為難新娘的習俗？

在能登，當地人會於新娘走到新郎家途中的路上拉繩子，阻礙新娘通過。乍看之下是個惹人厭的習俗，其實這稱為「遷繩」，是歡迎新嫁娘的儀式。意思是「歡迎妳來到這個地方」。

媒人*會將禮金與點心遞給拉繩子的人們，說「請讓新娘通過」，請他們解開繩子。這也象徵了新娘在婚後將突破重重苦難。

＊指在結婚的男女之間，協助婚事及各種安排的人。古人結婚大多靠媒妁之言，因此媒人肩負著重責大任。

441 石川縣是迴轉壽司的激戰區

石川縣是迴轉壽司的超級激戰區。這裡有許多石川縣獨家的迴轉壽司店，而不是全國連鎖店，相當受到歡迎。

石川縣的迴轉壽司店，大多有以下特色：一天進兩次從日本海捕撈的新鮮漁獲，或是主打赤鯥、白蝦等高檔海鮮。

另外，最早研發出迴轉壽司店輸送帶的也是石川縣的公司。如今石川縣製造的輸送帶仍佔全國的百分之六十之多。

442 九十九橋有幽靈的武士隊伍出沒!?

在福井縣有一座橋，流傳著幽靈走過的恐怖傳說。那就是橫跨福井市足羽川的九十九橋。

一五八三年，在越前北之庄城，織田信長的家臣柴田勝家及其妻子阿市，因敗給豐臣秀吉而慘死。之後，每到勝家與阿市過世的四月二十四日，據傳就會有無頭武士隊伍通過九十九橋，而且看到那隊伍的人都會死於非命。

現在每年四月，當地人會舉辦「越前時代行列」的春日祭典，扮成武士隊伍在九十九橋上遊行。

更多逗知識 現在迴轉壽司的迴轉速度是秒速4公分。這是最適合人類看見、確認後伸出手的速度。

443

福井縣有一裝上就拆不掉的面具

在福井縣的吉崎御坊願慶寺裡，有一副恐怖的鬼面具。

古時候在這所寺院附近，有一位丈夫與兒子都早逝、名叫阿清的女子，與壞心眼的婆婆阿素住在一起。某天，阿素想要嚇阿清，便戴上家傳的鬼面具竄到阿清跟前。阿清大驚失色趕緊念佛，結果面具竟然與阿素臉上的肉緊緊黏在一起，拔不下來。阿素哭著向阿清道歉，等阿清再次念佛，面具才鬆開。自那以後，這副面具就有了「嚇媳婦人肉面具」的稱號。

444

山梨縣的豪華寶石庭園

在山梨縣笛吹市的「寶石庭園信玄之里」，可以一睹由寶石蓋成的庭院。在瀑布流過、鯉魚游泳的池子旁，綴滿了翡翠、瑪瑙、紅水晶等寶石，遠遠看去彷彿一條七彩斑斕的地毯。園裡還有金子鑄成的*七福神。

為什麼會有這麼一座寶石庭園呢？這是因為山梨縣寶石加工興盛，出貨量日本第一。加上又是武田信玄的故鄉，便取了信玄之里的名字。除此之外，附近還有一座山梨寶石博物館，能欣賞到從全世界蒐集而來的三千種寶石。

＊指帶來福氣的七位神明。分別為：大黑天、毘沙門天、惠比壽天、壽老人、福祿壽、弁財天、布袋。

445

在本栖湖可以看見千元紙鈔的逆富士!?

富士山已經登錄為世界遺產。有個地區可以見到富士山倒立的模樣，那就是在富士山腳下、人稱富士五湖的本栖湖、精進湖、西湖、河口湖、山中湖。倒映在湖面的富士山人稱「逆富士」，在千元紙鈔背面就可見到。

千元紙鈔背面的逆富士，是從本栖湖北岸看過去的。從本栖湖的後山、中之倉峠山頂附近的展望台就能看見。

但據說在本栖湖目睹逆富士是非常難得的，一年只能遇見一、兩次。

446

長野有拒絕人類泡的溫泉

位於長野縣北部、標高八百五十公尺的地獄谷野猿公苑溫泉，只有日本獼猴可以泡，人類禁止進入。

這裡是為觀察野生獼猴而設立的公園，提供猴群伙食，但不像動物園有柵欄，所以能看見牠們最自然的模樣。一九六四年，該地建造了世界第一座猴子專用的露天溫泉，每到冬天，猴群就會泡溫泉取暖。「泡溫泉的猴子」曾登上美國知名雜誌的封面，全世界都有觀光客慕名而來。

447 把巨木從山坡上推下的祭典

位於長野縣的諏訪大社，每七年一度就會舉辦人稱御柱祭（正式名稱為式年造營御柱大祭）的祭典。

這個祭典的看頭在於將長十七公尺、直徑一公尺、重十噸的巨木，從陡峭斜坡上往下推的「木落儀式」。斜坡最陡為三十五度，距離一百公尺，人會坐在木頭上。光要拉動一根柱子，就得聚集一千至三千人，不靠車子而光靠人力搬送的景象相當壯觀。當地人會將搬來的巨木立在神殿的四個角落，奉其為神木。

448 在岐阜被人說噁心不能生氣

「不覺得他很噁嗎？」、「真的，好噁喔。」如果有人這麼說你，應該會立刻火冒三丈吧。「噁」（キモい）是形容外觀或態度骯髒令人作嘔的年輕人用語。但要是被岐阜縣人說「你好噁，離遠一點」可不能生氣唷。

因為在岐阜縣，「噁」是「窄」、「擠」的意思。換言之，這句話的意思是「好擠唷，稍微過去一點」。除此之外，在岐阜縣，人們還將「上鎖」稱為「買鎖」（カギをかう）、「移動桌子」稱為「吊桌」（机をつる）。

449

不能直走的岐阜縣神奇公園

岐阜縣有個逛起來非常神奇的公園，那就是由藝術家荒川修作與詩人瑪德琳．金斯（Madeline Gins）打造的體驗型藝術空間——養老天命反轉地。

園內是由蜿蜒崎嶇的小徑、凹凸不平的地面、歪七扭八的建築構成的奇妙空間。整個設施呈缽狀下陷，路面走起來幾乎都是斜的，有些地方甚至會突然陡峭起來，得用四肢攀爬。走著走著，腦袋也跟著天旋地轉，所以園方會出借安全帽和運動鞋，避免遊客受傷。

450

靜岡與長野的界線是用拔河決定的

在日本，縣與縣的界線大多是依河川、山岳、湖泊等自然景觀來劃分。但有個地方，每年卻是透過拔河來決定分界的，那就是位於靜岡縣濱松市與長野縣飯田市邊界的兵越峠。

這是「峠之攻城拔河賽」的活動，由靜岡縣與長野縣的隊伍，每十人一組拔河，獲勝方能在那一年內擴張領土一公尺。但這只是就當地活動而言，實際在地圖上，縣的邊界每年都不變。

451

靜岡小孩都知道的過馬路包包？

過馬路包包，指的是印有「過馬路中」字樣與圖案的黃色包包，靜岡的小學生幾乎人手一個。

在車流量大的馬路上，許多地區的小孩過馬路都會舉黃色的旗子，而過馬路包包就是用來取代旗子的。

事情可以追溯到距今約五十年前。當時車流量爆增，數量有限的過馬路旗已有安全疑慮，於是當地人想出了把旗子變成包包讓孩子們揹的妙案。如今在靜岡縣，過馬路包包幾乎遍及所有區域，但在縣外卻鮮少有人知曉。

452

味噌鍋燒烏龍麵鍋子的祕密？

用甜甜的八丁味噌熬煮而成的味噌鍋燒烏龍麵，是名古屋的名菜。在名古屋點鍋燒味噌烏龍麵，煮得咕嘟冒泡的陶鍋就會端上桌。

其實這個陶鍋是煮味噌鍋燒烏龍麵專用的陶鍋，蓋子上沒有穿孔。為什麼呢？因為這樣才能把蓋子反過來，當作盛烏龍麵的碟子使用。

由於上桌時很燙，因此名古屋人都會將麵盛入當碟子用的蓋子裡，等涼一點再吃。有些人也會把鍋裡的生雞蛋盛到碟子裡，像壽喜燒一樣沾雞蛋享用。

453

名古屋有禁止倒退的卡車

名古屋有種禁止倒退的卡車，那就是載家具等嫁妝的「壽卡車」。因為倒退令人聯想到「離婚回娘家」，不吉利，所以當地人嚴禁倒退。

順帶一提，卡車上之所以要掛紅白相間的布條，為的是提醒大家「這是不能倒退的卡車」。

壽卡車

454

在伊勢，一整年都會掛著注連繩

注連繩是新年裝飾在玄關的吉祥物。一般都會在元月七日（關西在元月十五日）拆下，但在三重縣的伊勢，即便新年結束，當地人仍會一整年都掛著注連繩。

古時候，有一位名叫須佐之男命的神來到伊勢，在貧窮的蘇民將來家中借宿一晚。須佐之男命啟程時，對蘇民將來說：「只要在門上標示屋裡住的是你的子孫，就能代代免受疾病之苦。」自那以後，在伊勢一帶，人們一整年都會在門前裝飾掛有「蘇民將來子孫家門」字樣木牌的注連繩，以趨吉避凶。

更多逗知識　在名古屋有這麼一句話——「嫁三個女兒就破產」，道盡了名古屋人嫁女兒時極盡奢侈風光的習俗。

455 三重縣的伊勢神宮沒有功德箱

為了傳達對神明的感謝，神社裡都會設置投錢用的功德箱，但伊勢神宮卻沒有，這稱為「嚴禁私幣」，因為伊勢神宮禁止攜帶為實現個人願望而呈上的供品。在過去甚至除了天皇以外，沒有任何人接獲允許前來參拜。

伊勢神宮以祭祀衣食住之神的外宮，以及祭祀天照大神的內宮為主，共有一百二十五座宮社。如今，沒有功德箱的是外宮與內宮，其它宮社則有部分有設置。

456 在甲賀市，二月二十二日是忍者日

滋賀縣的甲賀市，是自鎌倉時代至江戶時代活躍於全國的忍者們的故鄉。順帶一提，在甲賀市，二月二十二日因為發音近似「ニンニンニン」（忍忍忍），訂為忍者日。

忍者日是振興鄉鎮的活動之一，目的在於增加全國的忍者粉絲。當天，甲賀市的市府職員會穿上忍者的裝束工作，圖書館也會設置忍者書區，在市內會場還會舉行製作忍者常吃的「兵糧丸」（用蕎麥粉、芝麻、蜂蜜等材料揉成的糰子）等各式活動。

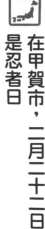

457

滋賀縣人最愛的魚是？

琵琶湖位於滋賀縣，是日本第一大湖，這裡棲息著許多名叫黑鱸的魚。這對釣客而言是知名魚種，但在超市卻買不到，因此幾乎沒有人知道「黑鱸吃起來很鮮美」。

但在滋賀縣，當地政府卻大肆宣傳「釣黑鱸回家加菜」，為的是避免外來種黑鱸繁衍，造成其它魚類生態惡化。在滋賀縣立琵琶湖博物館的餐廳，還能吃到用黑鱸做的天婦羅蓋飯。

458

「後日祭典」的祭典是京都的祭典

日本諺語「後日祭典」意指錯失良機，其實這句話是來自真實的祭典。

那就是日本三大祭之一——京都的祇園祭。祇園祭最精彩的節目是七月十七日的*山鉾巡行。這個十七日稱為「前祭」，隔週的二十四日稱為「後祭」。後祭與前祭相比，山鉾數量較少、顯得樸素，所以人們都說後祭不如前祭精采。從這裡便衍生出「後日祭典」（過了這村就沒那店）的說法了。

＊山鉾就是用木頭架起來、施以豪華裝飾的巨大山車。在祇園祭中，山鉾必須繞著城鎮遊行。

459 伏見稻荷大社的鳥居還在持續增加

說起京都的伏見稻荷大社，最有名的就是紅色鳥居連綿無盡的千本鳥居了。千本鳥居位於傳說中神明降臨的地方，人們建造它，認為它是從這個世界通往另一個世界的門。

一般人可能會以為千本鳥居跟稱號一樣，有一千座，實際上鳥居的數目高達一萬座。而且供奉申請仍在增加，每年數目都會增多。

但因為每天也都有鳥居改建、修繕，因此總數目會依日子而不同。

460 出刃菜刀是由暴牙工匠做的

出刃菜刀是用來殺魚、去骨的刀子，特色是刀尖圓圓厚厚的，以避免切歪。但它的刀刃並沒有特別突出，為什麼還叫作出刃呢？有一說認為，是因為江戶時代發明這種刀子的大阪堺市工匠暴牙（出刃與暴牙諧音），所以才取了這個名字。

出刃菜刀與刺身刀

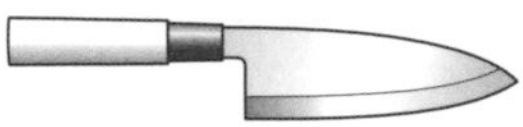

出刃菜刀
刀刃厚重，以便切魚骨等堅硬部位

刺身刀
刀刃細長，以便將生魚切成薄片

更多逗知識 伏見稻荷大社門前有賣「烤麻雀」。據說這是因為伏見稻荷原本是五穀豐收之神，為了趕跑吃五穀的麻雀，便有了這道小吃。

461 甲子園的砂是砂土混合而成的

甲子園是日本高中棒球錦標賽的會場，戰敗隊伍的選手習慣將球場上的砂子帶回去。若帶太多，砂子不會用光嗎？可能有人會這麼擔心，但甲子園的砂其實每年都會補充。因為砂子也會被風吹走或被雨沖刷掉。

甲子園使用的砂子，是用鹿兒島及淡路島的黑土與中國產的砂混合而成。混黑土是為了讓白白的棒球更顯眼，混合的比例則每年都會改變。

462 日本標準時間的城鎮是先搶先贏!?

在日本，即便從北海道旅遊到沖繩，也不必調整手錶。日本之所以沒有時差，是因為各地時間都被同一個時間帶「標準時間」統一了。標準時間是以兵庫縣明石市為基準而定。

明石市之所以成為日本標準時間的城鎮，是因為它剛好位於*東經一百三十五度的經線上。但實際上也有其它多市鎮位在東京一百三十五度上，而明石市比其它城鎮都還要早矗立標誌，於是就變成先搶先贏了。

＊1884年，國際子午線會議決定了全球的時區。兩年後，日本的標準時間便訂定為「東經135度」了。

463

像老虎躺著的城

兵庫縣的深山裡有一座叫作竹田城的城堡遺跡。這是在室町時代，由但馬（現兵庫縣北部）的守護者山名宗全建造的。這座城堡蓋在約在三百五十三公尺高的山頂上，如今只剩石牆保留了當時的模樣。含城堡在內的整座山看起來彷彿躺著的老虎，因此人稱「虎臥城」。

另外，它看起來也像秘魯的世界遺產遺跡馬丘比丘，因此又有「日本馬丘比丘」的稱號。在九至十一月，早上還會飄出雲霧繚繞的雲海，景緻相當奇幻。

464

奈良公園的鹿便便是蟲負責清理的!?

鄰近東大寺及春日大社的奈良公園裡，有一千一百頭鹿。有那麼多鹿，便便的量自然也很驚人。但在奈良縣，政府並未派人清理糞便，那麼究竟是誰在打掃的呢？

答案是糞金龜。糞金龜是以哺乳類動物的糞便為食的昆蟲總稱，在日本約有一百五十種。其中約五十種聚集在奈良公園。這些糞金龜會鑽入鹿的糞便裡分解，分解過後的糞便則成為草坪的肥料。

更多逗知識　奈良公園裡有廣大的草坪。草坪若不定時除雜草就會長不好，但因為鹿會一直吃草，所以在奈良縣不需除草。

465 法隆寺的五重塔上刺著鐮刀

奈良縣的法隆寺是世界上最古老的木造建築。寺裡的五重塔屋頂上有種叫相輪的支柱，上頭插著四支鐮刀。有人認為這是為了「保護建築物避免雷擊」而設。

在當時建造法隆寺的工人家中發現的古文書上，就有關於這些鐮刀的描述。鎌倉時代，法隆寺曾遭到雷擊、發生火災，於是工人便安插了鐵製的鐮刀以躲避閃電。

在現代，人們則是於高高的建築物屋頂上裝設避雷針（房屋頂端矗立的金屬棒），避免被雷打到。

466 與知名電影中的城堡一模一樣的島嶼

友之島是浮在和歌山縣紀淡海峽上的無人島，是沖之島、地之島、虎島、神島的總稱，因為與知名電影中的場景一模一樣而聲名大噪。這部電影就是動畫公司吉卜力工作室的作品【天空之城】。

友之島自明治時代至終戰為止，一直是日本的軍事基地。島上有六座砲台的遺跡、紅磚蓋成的火藥庫等等。這些保有當時風貌的景色，與【天空之城】裡的氛圍簡直如出一轍。

自從被分享到網路上後，觀光客便絡繹不絕。

467

在和歌山也看得見富士山!?

從距離富士山非常遙遠的和歌山縣那智勝浦町的色川富士見峠，可以望見富士山。

這裡與富士山的距離有三百二十二點九公里之遙。由於沒有高山阻擋，在萬里無雲的晴天就能見到富士山。

二〇〇一年，有攝影師在此成功拍攝到富士山，色川富士見峠從此成為「望得見富士山的最遠地點」。但因為實在太遠了，肉眼幾乎看不見，得用望遠鏡才行。

468

位於鳥取的妖怪機場!?

鳥取縣有一座感覺會有妖怪出沒的機場。那就是米子鬼太郎機場。鬼太郎是漫畫《鬼太郎》的主角，作者水木茂是鳥取縣人，因此機場便以鬼太郎命名。當然這是綽號，正式名稱是米子機場。

除此之外，近年來在全日本有越來越多機場的名字都很有趣。像是德島阿波舞機場（德島縣）、出雲緣結機場（島根縣）、高知龍馬機場（高知縣）、對馬山貓機場（長崎縣）等等。

469 出雲大社的參拜流程與其它神社不一樣！

到神社參拜時，一般的作法是在神明面前二禮兩拍手一禮，也就是敬禮兩次、拍手兩次再敬禮一次，但在島根縣的出雲大社，竟然是二禮四拍手一禮，得拍四次手。

出雲大社每年五月十四日都會舉辦盛大的祭典，此時則是二禮八拍手一禮，一共拍八次手。自古以來，八就代表了無限，象徵對神明拍無數次手。平常參拜拍四次手，也是因為原本拍八次，回到日常所以減半為四次。

470 松江市在盂蘭盆節不跳舞!?

在島根縣，有一座建自一六一一年的松江城。這座城在建造時，城牆曾多次崩塌、傾毀。為此，松江城的家臣找來了獻神的活祭品「人柱」，將一名跳盂蘭盆舞的美女生生活埋，以為這樣工程就能順遂。

之後，城堡順利完工，但每當人們跳起盂蘭盆舞，城堡就會晃動、頻頻發生怪事。人們謠傳那是美女的恨在作祟，自那以后，松江人就不再跳盂蘭盆舞了。

471 桃太郎的起源是山上的城堡？

說起岡山縣，應該許多人都會想到桃太郎吧。桃太郎最有名的故事是前往鬼島打鬼，但在岡山，這裡的鬼太郎傳說故事背景不是島嶼，而是山頂。

在海拔四百公尺的鬼城山山頂一帶，有一座被高達六公尺的城牆團團包圍的古山城——鬼城。相傳這裡就是桃太郎故事的源頭「溫羅傳說」發生的地點。

根據流傳於吉備津神社的傳說，鬼城裡住著一名叫作溫羅的＊百濟王子。溫羅虐待百姓，最後遭大和朝廷的皇子吉備津彥討伐而亡。

472 這是現代日本!?染得紅通通的小鎮

在岡山縣高梁市成羽町吹屋地區，有一座紅通通的城鎮。

紅色小鎮的祕密，在於塗上紅褐色顏料「弁柄」的建築及屋瓦。此地在江戶末期至明治時代，曾以盛產弁柄而繁榮。住在吹屋、位高權重的富豪們便協議將整座城鎮統一成紅色。

順帶一提，在吹屋地區，有一座日本最古老的木造國小，直到二〇一二年都還在使用，但現在就只剩建築物了。

＊百濟是古代朝鮮（四世紀前半葉至660年）的一個國家。當時朝鮮半島上同時有百濟、高句麗、新羅三個王國，史稱三國時代。

473 和平紀念公園的火可以分回家

*廣島和平紀念公園有一盞「和平之燈（火）」。這盞燈的火種是由伊勢神宮等全國十二個宗派集結而來的「宗教之火」、來自全國工廠地區的「產業之火」，以弘法大師點燃後歷經一千兩百年未曾熄滅的「不滅之火」結合而成。自一九六四年開始，和平之火便持續燃燒，期望能燒到兵器從世界上消失的那天為止。

其實這火只要向政府申請，就可以分回家。和平之火在祈禱和平的祭典中也會用到，還有人將它分到加拿大、英國等海外。

474 因總理大臣一句話誕生的土產？

楓葉饅頭是廣島有名的點心，外層是雞蛋糕，裡頭包著紅豆餡，烤成楓葉的形狀。這款點心的誕生，據說與初代內閣總理大臣伊藤博文有關。

伊藤曾在拜訪嚴島神社時，在茶屋裡小憩。他看見店內端茶女子的手，讚美道：「妳的手真可愛，像楓葉一樣，烤來吃應該很可口。」聽了這句話的店員，便與和菓子師傅高津常助討論能否製作楓葉造型的饅頭，於是昭和三十九年，最早的楓葉饅頭便誕生了。

＊1945年，美軍於廣島投下原子彈。政府便蓋了這座廣島和平紀念公園，向世人宣導和平理念。

475 當上總理大臣機率最高的是山口縣人？

檢視歷代內閣總理大臣的出身地，會發現山口縣是第一名、遙遙領先。以初代內閣總理大臣伊藤博文為首，山口縣曾出過岸信介、安部晉三等前後八名總理大臣。而這裡也是以在職日數長聞名的桂太郎、佐藤榮作的出身地。

總理大臣多出自山口縣有許多原因。有人認為是幕末明治維新時，新政府的核心成員是身為常州人的山口縣民，因此當地聚集了許多高度關心政治的人才。也有人認為是山口縣民喜愛政治且志向宏大的緣故。

476 抽籤的發祥地是位於山口的神社

神社的籤，始於山口縣周南市二所山田神社第二十一代*宮司所舉辦的活動。活動目的是呼籲女性參與社會，為了籌措協助鼓勵女性擔任宮司、自立自強的活動資金，社方便想出了賣籤詩的點子。

現在，全國有不少神社都會製作籤詩，但約有七成都是出自這間神社。籤詩都是手工一張張仔細折好的，在神社經過淨化儀式後，送往全國。

＊宮司是神道教中侍奉神明的神職官階之一，是神社中最高級的神官。

477

有點怪怪的？德島世界第一的單軌列車

人稱日本三大祕境之一的德島縣祖古山中，有一種能在山間穿梭的奧祖古觀光周遊單軌列車。

這種列車的車廂迷你，造型如獨角仙，像遊樂園的設施一樣可愛。但路線全長高達四千六百公尺、高低落差五百九十公尺、最大坡度四十度、最高海拔一千三百八十公尺。這每一項以觀光單軌列車而言，都是全球第一。

列車全程在山中行駛，耗時約七十分鐘，於沒有特殊景物、長四點六公里的山道中緩慢前進。但這在假日可是要等上兩個鐘頭的隱藏版超人氣景點呢。

478

佛寺裡有鬼屋？

德島縣的正觀寺裡，有一處像鬼屋一樣可怕的地方，那就是人稱「八大地獄」的地獄空間。幽暗的室內，有人偶、圖畫、模型等等，呈現出八個地獄的情景。

例如殺生即墜入的「等活地獄」、竊盜他人財務即墜入的「黑繩地獄」、撒謊即墜入的「大叫喚地獄」、傷害父母即墜入的「阿鼻地獄」等等，共計八個。在這裡，可以體驗到生時為非作歹、死後便下地獄的佛教價值觀。

479 小豆島有金氏世界紀錄認證的全球最窄海峽

浮在瀨戶內海上的島嶼小豆島，曾創下金氏世界紀錄。

小豆島由小豆島本島與前島兩座島嶼組成，中間有一道全長二點五公里的＊土淵海峽。土淵海峽的一部分如河川那麼細，最狹窄的地方寬度只有九點九三公尺。因此一九九六年，土淵海峽經金氏世界紀錄認證，成了全球最窄的海峽。

海峽上一共搭建了三座橋，步行就能通過。到鄰近的土庄町區公所申請，還能獲得橫跨海峽證明書。

480 香川縣人都吃跨年烏龍麵

日本人習慣在除夕夜吃蕎麥麵。但在香川及部分四國地區，人們不吃蕎麥麵，而是吃烏龍麵。在以讚岐烏龍聞名的香川，人們平常就愛吃烏龍麵，因此跨年也就繼續吃烏龍麵了。最近還流行吃新年烏龍麵，從元月一日一路吃到十五日。

跨年蕎麥麵因為麵條細細長長的，含有長生的美意，又因為麵條容易切斷，所以也有「斬斷惡緣」的寓意。或許又粗又有嚼勁的烏龍麵，象徵的是「頑強的生命力」吧。

＊海峽是指被兩塊陸地包夾的狹窄海域。

481 愛媛有妖怪牛鬼祭典

愛媛縣宇和島市每年七月二十二至二十四日，都會舉行宇和島市牛鬼祭典。在這個祭典中，全長五至六公尺、臉為鬼、身體為牛、像怪物般的山車，就會在鎮裡遊行、驅魔。一說認為牛鬼源自戰國時代，是豐臣秀吉出兵朝鮮時，加藤清正為了恫嚇朝鮮而製作的*龜甲車。

482 俳句聖地松山市設有俳句信箱

愛媛縣松山市，是與正岡子規、高濱虛子等眾多俳人淵源頗深的地方。因此在松山市內，到處都設有俳句信箱。

俳句信箱顧名思義，就是讓民眾投稿五、七、五共十七音俳句的地方。每兩個月政府會確認一次投稿作品，入選者會獲得紀念品。自從松山城設置第一號俳句信箱以來，當地觀光景點的俳句信箱便越來越多，如今已經有九十個以上的地方設有俳句信箱。

順帶一提，在松山，高中生還會參加俳句大賽，夏季也會舉辦俳句甲子園。

*龜甲車是攻打朝鮮晉州城時，為了完好無傷接近城牆所研發的戰車。堅硬的木板車廂上貼著牛皮，棍棒上插著血淋淋的牛頭。

483 一下大雨就被淹沒的橋？

在流經高知縣的四萬十川上，有一種每逢大雨就會淹沒在水底的橋，人稱沉下橋。

沉下橋是為了在溪水暴漲時不要被沖走，而刻意設計成沉入水底的橋。全國都有，但數目以高知縣居冠。光是四萬十川上，就有四十七座沉下橋，因為景色優美，成了觀光客熱愛的景點。

其中位於四萬十川最下游的佐田沉下橋，長兩百九十一點六公尺、寬四點二公尺。以同一條河中最長的沉下橋著稱。

484 夜來祭的目標是阿波舞!?

夜來祭是高知代表性的夏日祭典，每年八月九日至十二日這四天，當地人就會拿起一種叫鳴子的樂器跳舞，在城中遊行。

而在同為四國的德島還有阿波舞。阿波舞始於江戶時代，擁有四百年歷史，每年八月十二日至十五日，名為「連」的舞團就會在城裡翩然起舞。

夜來祭始於一九五四年，是高知市商工會議所的青年會，為了讓高知也有阿波舞般的祭典而舉行。換言之，夜來祭是以德島的阿波舞為目標所創辦的。

485 福岡縣禁止女人上陸的島現在連男性也禁!?

距離九州本土約六十公里遠的海上，有一座周長約四公里的小島，名為沖之島。

人們認為這座島是神明的化身，因此又稱之為「神之島」。島上沒有一般居民，只有神社的神職人員會出入。女人嚴禁上島，一般男性也只有五月二十七日現地大祭之日，開放兩百名上岸。

後來在二〇一七年，由於沖之島登錄為聯合國教科文組織世界文化遺產，現在連一般男性都禁止進入了。能上島的只有研究學者及神社相關人員，而且一概不得洩漏島上資訊，使得這座島變得越來越神秘了。

486 三百元就能搭新幹線的路段

從JR西日本博多站只要花三百元，就能搭新幹線到另一座新幹線車站——博多南站。這個車站距離博多站約九公里，實際上是新幹線的車庫。在這裡，可以近距離觀賞到新幹線列車一輛輛並排的模樣。

博多站是JR西日本的終點站，站方認為空車從博多站與車庫間「調車」不載客有點可惜，於是乾脆讓民眾搭乘。但這是特別開放載客的列車，班次並不多。

487

在佐賀新娘要掀鍋蓋

在佐賀縣與九州的部分地區，結婚典禮中新郎新娘進場時，媒人（➡P255）會在新娘頭上掀鍋蓋，舉行「鍋蓋頭」的慶祝儀式。

這個儀式為的是祈禱夫妻圓滿，媒人會邊將鍋蓋從新娘頭上掀起，邊述說為人妻子的心得訣竅。古時候則是在進入新郎家門時舉行。

488

佐賀有挑選海苔是否好吃的海苔檢查員

佐賀縣是知名的海苔產地。當地政府會派出檢查海苔是否美味的「海苔試吃檢查員」，挑選佐賀縣產最高級的海苔「有明海一番」。民眾只要通過測驗取得執照，就能參加每年舉辦兩次的海苔檢查。

但測驗非常困難，必須判斷裝在八個杯子裡的液體的味道（鮮味、酸味、甜味、鹹味、苦味與三種無味的水），還得吃三種海苔依照軟硬排序。自二〇〇七年實施起，合格率只有三成。

489

軍艦島的人口密度曾是全球第一!?

長崎縣的海域上，有一座人稱「軍艦島」的小島，正式名稱為「端島」。

明治時代，這座島嶼的海底曾挖掘出煤炭，吸引大批勞工及其家人移居至此。大正時代，當地人建起了醫院、學校、寺院，以及日本第一棟鋼筋水泥七層樓高住宅，島嶼成了一座小鎮。昭和三〇年代，這裡每一平方公里就住了約八萬七千人。人口密度是當時東京的九倍，甚至是全球第一。但現在已經是無人島，成為觀光景點了。

490

大人版的兒童餐土耳其飯?

長崎市內的咖啡館及餐廳，有一道一定會出現的名菜，叫作土耳其飯。盤子裡有抓飯、義大利麵、炸豬排，人稱「大人版兒童餐」。有些店家也會將炸豬排換成漢堡或牛排，內容不一。

名稱的由來與土耳其料理一點關係也沒有。比較可信的說法是，抓飯代表印度（或中國）、義大利麵代表義大利，炸豬排則是兩國間的橋樑，所以就以位於兩區域間的土耳其命名了。

491 蓋在熊本與大分縣境上的飯店

縣境就是都道府縣之間的分界，一般多以河川、湖泊、山岳來劃分。但在熊本與大分的縣境上，卻有個很罕見的場所，那就是位於杖立溫泉這條歷史悠久溫泉街上的觀光旅館肥前屋。

原本杖立溫泉就處在熊本與大分的縣境上，而肥前屋又剛好蓋在這。這裡有兩棟樓，分別取名為熊本館與大分館，縣境剛好在連接兩棟樓的走廊上。走廊取名為兩國橋，只要在這間旅館留宿，就能一次住到兩個縣。

492 熊本熊其實是在大阪走紅的!?

熊本熊是現在於全國擁有超人氣的熊本吉祥物。他是為了宣傳熊本縣而誕生的角色，頭銜是熊本縣營業部長兼幸福部長，是一名公務員。

然而誕生自熊本的熊本熊，實際上是在大阪紅起來的，這點很多人不知道。剛開始熊本縣政府為了在大阪宣傳熊本，派出熊本熊上電視節目，還舉辦了發名片給一萬人的宣傳活動，熊本熊就是在此時一口氣竄紅。當時的名片上還寫著「出生於熊本，但成長幾乎都在大阪。」

493 用來煮味噌湯？大分縣民對炸雞的愛

大分在戰後建造了許多養雞場，雞肉消費量每年都在排行榜前幾名。

熱愛炸雞的大分人，吃炸雞的方式也很豪邁。一到盂蘭盆節或正月，當地人就會買上一到五公斤的炸雞堆滿餐桌，有些家庭還會將吃不完的當作隔天味噌湯裡的配料。現在，大分縣中津市市內有六十間以上的炸雞專門店，全國各地都有觀光客來這個炸雞聖地朝聖。

另外，宇佐市也以炸雞專門店的發祥地而聞名。

494 大分動物園的傳奇猴王

大分的高崎山自然動物園，會發食物給野生獮猴。在這裡可以近距離接觸猴群。剛開園時只有約兩百二十隻，現在已經繁衍出三個猴群，總共一千三百六十五隻猴子。

在這裡頭有一隻傳說中的猴王。牠散發的氣質就像高級轎車賓士，因此人們為牠取了賓士的綽號。在高岐山自然動物園，賓士是有史以來以最年輕的九歲，當上超過七百五十隻猴群領導者的傳奇猴王。賓士於二〇一三年失蹤，園方認定已死亡。推測牠活到了三十五歲。

更多逗知識 猴群吃食物的順序是固定的。先是猴王，接著是成猴，再來是年輕公猴。母猴及小猴會在猴王身邊吃。

495

西鄉隆盛所取的稀有地名!? 淅瀝嘩啦

日本的地名大多以漢字或平假名書寫，但在宮崎縣南町卻有個用片假名寫的地名，那就是トロントロン（淅瀝嘩啦）。為什麼取這個名字眾說紛紜，有人說是西鄉隆盛用淅瀝嘩啦來形容泥濘不堪的地面，也有人說是江戶時代通過這裡的大名，形容當地的水聲。

日本也有其它令人忍俊不禁的地名。像是失望島（がっかり島，岩手縣宮古市）、南蛇井（なんじゃい、音同「啥事」，群馬縣富岡市）、外遇町（浮気町，滋賀縣守山市）、土居中（ど田舎、音同「窮鄉僻壤」，愛媛縣宇和島市）等等。

496

宮崎縣的摩艾像是友情的證明!?

宮崎縣日南市有一座公園，稱作日南太陽花園。這裡有一整排摩艾像，是知名觀光景點。

這裡的摩艾像當然是複製的，但卻是世上唯一，經由智利復活島長老會許可而復原的摩艾像，而且這是有原因的。

過去，復活島的摩艾像曾在智利地震中倒塌。在電視上看見摩艾像化為廢墟的日本企業，主動協助了復原作業，因此日南太陽花園才能擁有一模一樣的摩艾像，堪稱日本與復活島的友情證明。

更多 逗知識　日本在復原摩艾像時，為了蓋在能讓人聯想到復活節島氣氛的海邊，特地挑選了日南太陽花園。

497

充滿謎團的海盜藏寶島!?

鹿兒島縣十島村位在屋久島與奄美大島之間，村內合計共有十二座有人島與無人島。最南端的有人島名為寶島，就像童話故事裡會出現的名字，而它也跟這個名字一樣，是個充滿謎團的島嶼。

其實，傳說英國的海盜基德船長（William Kidd）曾在此埋藏寶藏。島上有疑似藏了寶物的鐘乳石洞，而基德留下的寶藏地圖也與寶島的地形相似，所以全世界都有許多冒險家前來尋找寶藏。但很遺憾的，寶物尚未被發現。

498

櫻島有火山灰專用的傘

鹿兒島縣的櫻島，是一座至今仍持續噴發的火山。在櫻島，連便利商店都有賣火山灰專用的透明傘，名字叫「櫻島火焰」。櫻島火焰造型特殊，一路覆蓋到肩膀，這樣灰就不會累積在肩膀上了。

櫻島火焰

499 去沖繩體重會變輕!?

在北海道測量體重，再到沖繩以同一台體重計測量看看，神奇的是重量竟然不同。在北海島量比較輕，在沖繩量比較重。

為什麼會有這樣的差距呢?因為北海道與沖繩的重力不同。地表的重力在北極與南極相差最多，在赤道相差最小。以日本國內相比，北海島重力最大、沖繩最小。

但體重差異也只有一百克而已。

500 沖繩公立小學的校長是幼兒園園長!?

沖繩縣的小學與其它都道府縣有些不同。在公立國小的園區（或附近）有幼兒園，而國小校長也兼任幼兒園園長。

這是因為美國統治沖繩時，引入了上國小前五歲孩童必須讀書的美式教育。當時還沒有幼兒園，所以是由擁有教師執照的老師來教孩童的。幼兒園附設在小學後，國小校長便兼任幼兒園園長了。

＊重力就是引力加上離心力。引力是被地球核心吸引的力量，離心力是地球因旋轉而被向外拉的力量。

驚奇雜學測驗

這個形狀是哪個縣？

Q 1

駕照持有率日本第一、
像一隻鶴的縣是？

Q 2

名產是櫻桃、像人側臉
的縣是？

Q 3

日甲足球聯賽球隊數日本
第一、像貓生氣的縣是？

Q 4

《櫻桃小丸子》的故事
背景、《鋼彈》聖地、
像金魚的縣是？

Q 7

採收全國百分之九十的伊予柑、像狗狗奔跑的縣是？

Q 5

織田信長、豐臣秀吉、德川家康的故鄉、像袋鼠的縣是？

Q 8

捐血率日本第一，像熊媽媽揹熊寶寶的縣是？

Q 6

福澤諭吉的故鄉、溫泉縣、像人跌倒的縣是？

答案

Q 1 群馬縣　Q 2 山形縣　Q 3 神奈川縣　Q 4 靜岡縣

Q 5 愛知縣　Q 6 大分縣　Q 7 愛媛縣　Q 8 熊本縣

子どもと楽しむ 日本びっくり雑学500

日本逗知識俱樂部

500個連日本人都驚奇的生活・飲食・傳統・文化・地方趣聞話題

編者 西東社編輯部
翻譯 蘇暐婷
責任編輯 張芝瑜
書封插畫設計 Aikoberry
內頁排版 郭家振
行銷企劃 蔡函潔
發行人 何飛鵬
事業群總經理 李淑霞
副社長 林佳育
副主編 葉承享

日文原書相關工作人員
插畫 たむらかずみ、平松ひろし(有限会社ワークス)
設計 坂口康久 (NOKTON)
校對 柳元順子(有限会社クレア)
執筆協力 川口裕子、老川素子、笹川美絵、高松洋子、田中未来、松村幸恵(有限会社クレア)、柴田佳菜子、石川 遍
編輯協力 高島直子、篠原明子

出版 城邦文化事業股份有限公司 麥浩斯出版
E-mail cs@myhomelife.com.tw
地址 104台北市中山區民生東路二段141號6樓
電話 02-2500-7578
發行 英屬蓋曼群島商家庭傳媒股份有限公司城邦分公司
地址 104台北市中山區民生東路二段141號6樓
香港發行 城邦(香港)出版集團有限公司
地址 香港灣仔駱克道193號東超商業中心1樓
電話 852-2508-6231
傳真 603-90576622
馬新發行 城邦(馬新)出版集團Cite (M) Sdn. Bhd.
地址 41, Jalan Radin Anum, Bandar Baru Sri Petaling, 57000 Kuala Lumpur, Malaysia.
電話 603-90578822
傳真 603-90576622
讀者服務專線 0800-020-299 (09:30~12:00;13:30~17:00)
讀者服務傳真 02-2517-0999
讀者服務信箱 Email: csc@cite.com.tw
劃撥帳號 1983-3516
劃撥戶名 英屬蓋曼群島商家庭傳媒股份有限公司城邦分公司

總經銷 聯合發行股份有限公司
電話 02-29178022
傳真 02-29156275
製版印刷 凱林彩印股份有限公司
定價 新台幣380元/港幣127元
ISBN 978-986-408-411-1

2018年10月初版一刷
2020年08月初版二刷

Printed In Taiwan

國家圖書館出版品預行編目(CIP)資料

日本逗知識俱樂部:500個連日本人都驚奇的生活.飲食.傳統.文化.地方趣聞話題 / 西東社編輯部編;蘇暐婷譯. -- 初版. -- 臺北市:麥浩斯出版:家庭傳媒城邦分公司發行, 2018.10
面; 公分
譯自:子どもと楽しむ 日本びっくり雑学500
ISBN 978-986-408-411-1(平裝)

1.風俗 2.文化 3.日本

538.831 107013930